股票大作手
利弗莫尔的
交易精髓

The Tao of Jesse Lauriston Livermore

李路 著

Louis Lee

企业管理出版社
ENTERPRISE MANAGEMENT PUBLISHING HOUSE

图书在版编目（CIP）数据

股票大作手利弗莫尔的交易精髓 / 李路著 . —北京：企业管理出版社，2019.8

ISBN 978-7-5164-1996-0

Ⅰ.①股… Ⅱ.①李… Ⅲ.①股票交易—基本知识 Ⅳ.① F830.91

中国版本图书馆 CIP 数据核字（2019）第 158881 号

书　　名	股票大作手利弗莫尔的交易精髓
作　　者	李　路
责任编辑	李　坚
书　　号	ISBN 978-7-5164-1996-0
出版发行	企业管理出版社
地　　址	北京市海淀区紫竹院南路17号　　邮编：100048
网　　址	http：//www.emph.cn
电　　话	编辑部（010）68414643　发行部（010）68701816
电子信箱	qiguan1961@163.com
印　　刷	三河市东方印刷有限公司
经　　销	新华书店
规　　格	147毫米×210毫米　32开本　8.375印张　120千字
版　　次	2019年8月第1版　2019年8月第1次印刷
定　　价	78.00元

版权所有　翻印必究·印装错误　负责调换

他本是马萨诸塞州的小农民,却成为"百年美股第一人"。

他从5美元起步,独自交易赚到上亿身家。

他一生四起四落,实践中领悟出简单纯粹的经典交易法。

他创造出了惊人的财富,最后却用手枪结束了自己的生命。

他是百年华尔街唯一无法回避的资本作手。

他是资本市场的传奇人物,前无古人,至今也无来者。

他就是"投机之王"——杰西·利弗莫尔。

"华尔街没有新鲜事。过去发生过的事情还会周而复始地发生。因为人性不变,情绪永远都阻碍着智力。

"对此,我确信无疑。"

——杰西·利弗莫尔

目 录

PART 1
杰西·利弗莫尔给投机者的忠告

001　投机游戏　　　　　　　　　　/ 003
002　尊重市场　　　　　　　　　　/ 005
003　人性弱点　　　　　　　　　　/ 007
004　留得青山在　　　　　　　　　/ 009
005　依准则行事　　　　　　　　　/ 011
006　顺势者昌　　　　　　　　　　/ 013
007　不可四面出击　　　　　　　　/ 015
008　不可轻易猜测顶和底　　　　　/ 016
009　不要摊平亏损　　　　　　　　/ 017

010	财不入急门	/ 018
011	把利润的一半提出来	/ 020
012	华尔街没有新鲜事	/ 022
013	及时认错	/ 023
014	相信自己	/ 025
015	敌人来自内心	/ 027
016	没有人可以打败市场	/ 029
017	力求行事正确	/ 031
018	睡眠	/ 033
019	享受生活	/ 034
020	正有一件傻事潜伏在你身边	/ 036
021	做好准备	/ 038
022	善于休息	/ 040
023	运气	/ 042
024	财务安排	/ 043
025	明牌	/ 045
026	不要试图抄底逃顶	/ 047
027	永远别与行情争执	/ 049
028	依赖真实,远离希望	/ 051
029	投机不死	/ 053

PART 2
杰西·利弗莫尔的交易理念

030	预期	/ 057
031	欲速则不达	/ 059
032	个股行为	/ 061
033	研究领头羊	/ 062
034	及时入场	/ 063
035	出场信号	/ 065
036	交易计划	/ 067
037	价格模式	/ 069
038	涨跌的原因	/ 071
039	罗马不是一天建成	/ 073
040	关键点	/ 074
041	独自交易	/ 075
042	不安	/ 076
043	少交易	/ 078
044	模拟交易	/ 080
045	意外	/ 082
046	吸取教训	/ 083

047	到底才能回升	/ 084
048	理论结合实际	/ 086
049	行情不会突然反转	/ 088
050	保持头脑清醒	/ 090
051	强市场所难	/ 092
052	熊市拉抬注定失败	/ 094
053	研究总体条件	/ 096
054	分析行情	/ 098
055	股票行为	/ 099
056	落袋为安	/ 101
057	估计整体行情走势	/ 103
058	不动如山	/ 105
059	无组织的公众	/ 107
060	行情解读	/ 109
061	先入为主	/ 111
062	抓大波动	/ 113
063	靠投机来生活	/ 115
064	最小阻力方向	/ 117

目 录

PART 3
杰西·利弗莫尔的交易方法

- 065 判断依据 / 121
- 066 进场时机 / 123
- 067 正常走势与反常行为 / 125
- 068 危险信号 / 127
- 069 行情启动信号 / 129
- 070 抢进抢出 / 131
- 071 坚持自己的判断 / 133
- 072 基本原理 / 135
- 073 计划 / 136
- 074 全线入市 / 138
- 075 挨耳光 / 140
- 076 过早起跑 / 142
- 077 支撑和阻力 / 144
- 078 突发事件往往顺应最小阻力方向 / 146
- 079 与人性弱点对抗 / 148
- 080 保持开放灵活的思维 / 150
- 081 投机准则 / 152

082	赢时才下大注	/ 154
083	留强汰弱	/ 156
084	危险的敌人	/ 158
085	赌博者	/ 160
086	远离诱惑	/ 162
087	耐心等待	/ 164
088	何时离场	/ 166
089	股价不会因打压而持续下跌	/ 168
090	预感	/ 170
091	交易者训练	/ 172
092	成功交易必备	/ 174
093	走势背离	/ 176
094	下跌必有因	/ 178
095	自信源自观察	/ 180
096	知识不必害怕谎言	/ 182
097	拉抬价格	/ 184
098	卖出时机	/ 186
099	行情不对赶快脱身	/ 188
100	半官方消息	/ 190
101	知者不言	/ 192

目 录

102 利好出尽 / 194
103 空头打压 / 196
104 交易的要素 / 198
105 交易方法 / 200
106 清晨的研究工作 / 202
107 解读新闻报道 / 204
108 预测与验证 / 205
109 接近危险点挂单 / 207
110 等待 / 208
111 结束交易 / 210
112 资金周转 / 211
113 价格止损与时间止损 / 213

PART 4
杰西·利弗莫尔投机大事记

PART 5
杰西·利弗莫尔疯狂的一生

擅长数字的小农民 / 223

波士顿投机店"小豪客" / 225

被投机店"封杀" 转战纽约 / 227

败走纽约 波士顿重操旧业 / 229

做空成为百万富翁 摩根请他放过股市 / 230

受蛊惑兵败棉花战役 申请破产 / 231

伯利恒钢铁经典一战 东山再起 / 232

1929年大恐慌 做空获利1亿美元 / 237

家事困扰精力不再 "投机之王"唏嘘谢幕 / 245

PART 1

杰西·利弗莫尔给投机者的忠告

001

投机游戏

投机，天底下最彻头彻尾充满魔力的游戏。

但是，这个游戏愚蠢的人不能玩，懒得动脑子的人不能玩，心理不健全的人不能玩，企图一夜暴富的冒险家不能玩。这些人如果贸然卷入，到死终究是一贫如洗。

我的理论和实践都已经证明，在投机生意中，或者说在证券和商品市场的投机事业中，从来没有什么全新的东西出现——万变不离其宗。在有的市场条件下，我们应当投机；同样肯定地，在有的市场条件下，我们不应当投机。有一条谚语再正确不过了："你可以赢一场赛马，但你不可能赢所有赛马。"市场操作也是同样的道理。有时候，我们可以从股市投机中获利，但是如果我们日复一日地总在市场里打滚，就不可能始终如一地获利了。只有那些有勇无谋的莽汉才想这样做。

【李路评】

投机游戏是一场完善自我的游戏，那些无法尽力用理智来统领人性弱点的人，终究难以走向稳定盈利之路。投机者提升自我的道路，必将从"术"的研究走向"道"的领悟，最终走向"自我"的剖析。

002

尊重市场

　　市场已经沿着一个明确的趋势方向持续了一段时间，一则看涨或者看跌的新闻也许对市场产生不了一丝一毫的作用。当时，市场本身或许已经处于超买或超卖状态，在这样的市场条件下，市场肯定对这则消息视而不见。此时，对投资者或投机者来说，市场在相似条件下的历史演变过程的记录就具有了不可估量的参考价值。

　　此时此刻，你必须完全抛弃自己对市场的个人意见，将注意力百分之百地转向市场变化本身。意见千错万错，市场永远不错。对投资者或投机者来说，除非市场按照你的个人意见变化，否则个人意见一文不值。

【李路评】

个人意见有价值的唯一证明是：你的头寸在盈利。否则，你要做好准备随时否定自己的个人意见。听起来有点残酷，但这就是投机游戏。你是一名交易者，而不是分析师。分析师的错误很快会被遗忘，交易者的错误却会威胁账户安全。

003

人性弱点

就像所有的投机客一样，我有时候也让急躁情绪冲昏了头脑，蒙蔽了良好的判断力。投机交易酷似扑克牌游戏，就像 21 点、桥牌或是其他类似的玩法。我们每个人都受到一个共同的人性弱点的诱惑，每一次轮流下注时，都想参与一份，每一手牌都想赢。我们或多或少都具备这个共同的弱点，而正是这一弱点成为投资者和投机者的头号敌人，如果不对其采取适当的防范措施，它最终将导致他们的溃败。

满怀希望是人类的显著特点之一，担惊受怕是另一个显著特点。然而，一旦你将希望和恐惧这两种情绪搅进投机事业，就会面临一个极可怕的危险，因为你往往会被两种情绪搅糊涂了，从而颠倒了它们的位置——本该害怕的时候却满怀希望，本有希望的时候却惊恐不宁。

【李路评】

正是人性的弱点造就了道氏理论"三大假设"之一：历史会重演。"年年岁岁花相似，岁岁年年人不同"。在投机市场中，价格行为不会简单地重复，但人性却惊人地相似。

004

留得青山在

利润总是能够自己照顾自己，而亏损则永远不会自动了结。投机者不得不对一开始的小额亏损采取止损措施，以确保自己不会蒙受巨大损失。这样他才能在市场中生存下来，终有一日，当他心中形成了某种建设性想法时，还能重整旗鼓，开立新头寸，持有与过去犯错误时相同数额的股票。投机者不得不充当自己的保险经纪人，而确保投机事业持续下去的唯一方法是，小心守护自己的资本账户，决不允许亏损大到足以威胁未来操作的程度，留得青山在，不怕没柴烧。

【李路评】

兵者言：不败而后求胜；未算胜先算败。投机市场风云变幻，反复无常，只有先立于不败之地才应该考虑如何取得胜利，只有活下去才能等到盈利那一天。如果两眼只盯着潜在的利润，很可能在触碰到利润之前被狠狠地绊倒在地，等你爬起来，利润早就飞走了。

005

依准则行事

每当投资者或投机者有一段时间连续一帆风顺后,股票市场总会施放一种诱惑作用,使他变得或者麻痹大意,或者野心过度膨胀。在这种情况下,要靠健全的常识和清醒的头脑才能保住已有的胜利果实。不过,如果你能毫不动摇地遵循可靠的准则行事,那么得而复失的悲剧就不再是命中注定的了。

【李路评】

面对一波三折的价格走势,未来不可测,理智难持久,唯有准则是相对客观的,也只有准则是可以凭借的，否则，账户资金曲线必然是不稳定的。"依准则行事"，看似简单，知易行难啊。难处在于，投机者总试图依赖自己的聪明才智去"修正"既定的行事准则。

006

顺势者昌

众所周知,市场价格总是上上下下、不停运动。过去一直如此,将来也一直如此。依我之见,在那些重大运动的背后,必然存在着一股不可阻挡的力量。了解这一点就完全足够了。

如果你对价格运动背后的所有原因都不肯放过,过于琐细、过于好奇,反倒画蛇添足。你的思路可能被鸡毛蒜皮的细节遮蔽、淹没,这就是那样做的风险。只要认清市场运动的确已经发生,顺着潮流驾驭着你的投机之舟,就能够从中受益。不要和市场讨价还价,最重要的,绝不可斗胆与之对抗。

【李路评】

投机者需要培养"重点思维",抓住影响价格行为的关键因素思考即可,不必寻根究底。在投机这行,简单的工具最有力量。但人类天生具备将简单事情复杂化的倾向。

007

不可四面出击

在股票市场上摊子铺得太大、四处出击也是很危险的。我的意思是,不要同时在许多股票上都建立头寸。同时照顾几只股票尚能胜任,同时照顾许多股票就不胜负荷了。我在几年前曾犯过此类错误,付出了沉重代价。

【李路评】

人的精力有限,投机者更应懂得集中注意力的重要性。许多股票或期货高手长年累月只关注交易一只股或一个期货品种,唯有这样,你才能在这个品种上建立起与其他投机者的比较优势。

008

不可轻易猜测顶和底

我曾经犯过的错误是，因为当时某个特定的股票群体中某只股票已经明明白白地掉转方向，脱离了整个市场的普遍趋势，我便纵容自己对整个股票市场的态度转为一律看空或一律看多。在建立新头寸之前，我本该更耐心地等待时机，等到其他股票群体中某只股票也显示出下跌或者上涨过程已经终了的信号。时候一到，其他股票也都会清晰地发出同样的信号。这些都是我本应耐心等待的线索。

【李路评】

市场在接近反转的时刻最疯狂，过早反向操作的都是"前浪"和"炮灰"。耐心等待，不要贪图卖在最高点、买在最低点。

009

不要摊平亏损

从经纪商那里,我从来只得到过一种铁定无疑的"内幕消息",那便是追加保证金的通知。当这样的通知到达时,应立即平仓。你站在市场错误的一边。为什么要把好钱追加到坏钱里去?把这些好钱放在荷包里多焐一天。把它拿到其他更有吸引力的地方去冒险,不要放到显然正在亏损的交易上。

【李路评】

摊平亏损或者持有亏损头寸迟迟不愿抽身,无论如何都不明智。记住一句话:市场会一直跌到你受不了才会停止。

010

财不入急门

所有投机者都有一个主要的通病,急于求成,总想在很短的时间内发财致富。他们不是花费2到3年的时间来使自己的资本增值500%,而是企图在2到3个月内做到这一点。偶尔,他们会成功。然而,此类大胆交易商最终有没有保住胜利果实呢?没有。为什么?因为这些钱来得不稳妥,来得快去得快,只在他们那里过手了片刻。这样的投机者丧失了平衡感。他说:"既然我能够在这两个月使自己的资本增值500%,想想下两个月我能做什么!我要发大财了。"这样的投机者永远不会满足。他们孤注一掷,不停地投入自己所有的力量或资金,直到某个地方失算,终于出事了——某个变化剧烈的、无法预料的、

PART 1　杰西·利弗莫尔给投机者的忠告

毁灭性的事件。

【李路评】

如果你把投机当作一件事业来认真对待，就别期待一夜暴富。脚踩在事实上，而非踩在幻想上。

011

把利润的一半提出来

投机者应当将以下这一点看成一项行为准则,每当他把一个成功的交易平仓了结的时候,总取出一半的利润,储存到保险箱里积蓄起来。投机者唯一能从华尔街赚到的钱,就是当投机者了结一笔成功的交易后从账户里提出来的钱。……当一个投机者将原来的资本金翻一番后,他应该立即把利润的一半提出来,放在一旁作为储备。这项策略在很多场合对我都大有裨益。我唯一的遗憾是,没有在自己的职业生涯中始终贯彻这一原则。在某些地方,它本来会帮助我走得更平稳一些的。

【李路评】

对于大部分投机者来说，从来只是往投机账户里存钱，几乎很少从账户里往银行卡转过钱。亏损时，他们补充弹药；盈利时，他们加倍加码。

012

华尔街没有新鲜事

华尔街没有新鲜事,因为投机事业像群山一样古老。股市上今天发生的事过去也发生过,而且将来会再次发生。我从没忘记这点。我真的想设法记住它们是何时以及怎样发生的,但事实上我是在做交易中付出学费后才记住的。

【李路评】

《圣经·传道书》中有句话:"已有的事,后必再有;已行的事,后必再行。日光之下,并无新事。"只要投机市场是人在参与,人性不变,相似的价格行为便会周而复始、一再上演。

PART 1　杰西·利弗莫尔给投机者的忠告

013

及时认错

犯了错误不要找借口。很久以前,我就学会了这一课,所有的同行都应当学会这一课。坦白承认错误,尽可能从中汲取教益。我们统统明白什么时候自己是错误的。市场会告诉投机者什么时候他是错误的,因为那时他一定正在赔钱。当他第一次认识到自己是错误的时候,就是他了结出市之时,应当接受亏损,尽量保持微笑,研究行情记录以确定导致错误的原因,然后再等待下一次大机会。他所关心的,是一段时间的总体结果。

甚至在市场告诉你之前,就能先知先觉地感觉到自己是错误的,这是一种相当高级的判断力。这是来自潜意识的秘密警告。这是一种来自投机者内心、建立在市场历史表现之上的信号。有时候，它是交易准则的先遣部队。

【李路评】

投机者入场前需要设定一个保护性止损点，但这个止损点只是最后的出场位置。在此之前，价格走势可能已经告诉你你做错了，此时，不要等待触及止损点再出场，及时退出观望。

014

相信自己

要是有人想在这游戏里生存，他必须相信自己，相信自己的判断。这也是我不相信种种所谓内幕消息的原因。假设按史密斯的内幕消息买进证券，那么也必须照他的内幕消息卖出这些证券。我就在依靠他了。如果史密斯度假去了，而恰好卖出的时机来了，那会怎么样？不，先生，没有人能依靠别人告诉他该如何做而发财。

我从我的经验认识到：没有谁向我提供消息让我赚的钱比我根据自己的判断赚到的钱更多，我花了五年的时间才学会在判断正确的时候尽量抓住机会多赚钱。

【李路评】

靠他人推荐股票而买卖的投机者,其成长速度会远低于依靠个人独立思考而买卖的投机者。

015

敌人来自内心

投机者最主要的敌人往往是内心产生的,它与人性的希望与恐惧是不可分割的。在交易中,当市场对你不利时,你每天都在希望这是最后一天,但你失去的总比你估计的多,当市场按你的方向走,你就怕了,也许第二天你的利润就没了,你就撤了,太快了。恐惧使你不敢去赚你本该赚的钱,一个成功的交易商必须同这两种根深蒂固的本能做斗争,他必须推翻这你可能会称之为本能的冲动。别人充满希望的地方他该害怕,而别人怕的地方他该充满希望,他必须害怕他的亏损会发展成无法承受的亏损,他必须希望他的利润能增长成巨大的利润。像平常人那样在股票上赌博是十分错误的。

【李路评】

"在别人恐惧时贪婪,在别人贪婪时恐惧",尽管属于完全不同的投资风格,在这一点上,"股神"巴菲特和"投机之王"利弗莫尔是一致的。背后说明了一个重要的事实:投机游戏是少数人盈利的游戏。如果你总是随大流,长期来看你注定成不了这场游戏的胜者。

016

没有人可以打败市场

我十四岁就开始了交易生涯。这就是我所做的一切，我想我知道我在说什么。经过三十年的交易，赚几美元的交易做过，赚取几百万美元的交易也做过，我总结出以下结论：一个人可能在某个时候可以击败一只股票，但没有一个人可以击败股市！一个人可能以买卖棉花、谷物赚钱，但没人能够击败棉花期货市场或谷物期货市场。就像跑马一样，一个人可以赢一场赛马，但他胜不了跑马赛。

【李路评】

投机使人谦虚，因为成熟的投机者知道，自己能够掌控的事情寥寥无几。伟大如利弗莫尔尚且如此尊重市场，众多大言不惭之徒有何脸面声称自己看透并打败了市场！

017

力求行事正确

一个人不能在同一件事上花几年工夫，还形不成正确的做事态度，正是这一点将专业人士与业余人士区分开来。正是看待事物的方法使得人在市场上赚钱或亏钱。一般大众对自己的努力都有一种很外行的观点。往往自以为是，因而思考往往不深入彻底。而专业人士注重的是力求行事正确，而不只是赚钱，因为他们知道如果做好每一件事，利润自己会产生的。一个交易商应该像一个职业大玩家那样做，也就是说，他应该高瞻远瞩而不是只注重眼前利益。

【李路评】

如果一个人持续在市场中交易，他应该依赖概率优势而非一时的运气。投机中的"概率优势"要求投机者一以贯之地依据事实和准则行事，而非依赖幻想行事。正确且及时地区分"事实"和"臆测"，是投机游戏中重要一环。

018

睡眠

从每日上午10点到下午3点我全身心地投入股市，下午3点后，才开始享受生活，请不要误解，我不会因享乐而妨碍生意，我输了是因为失误，并不是疲倦不堪而坏事，我是不会让任何事影响我的身心健康，甚至现在我常常在十点以前睡觉，年轻时我也从不熬夜，因为睡眠不足，我就干不好事，因此我身体一直很好，在我看来人应该好好享受生活。

【李路评】

判断交易是否在吞噬你的生活，只需要观察想到交易时你的身体是紧张还是放松。持续的紧张和兴奋影响睡眠，睡眠质量下降影响精力，精力不足最终会让你在交易中犯下大错。

019

享受生活

  我的资本增长很快并不是因为我善于守财。事实上我并未克制自己这个年龄和层次的人应该享受的东西。我有自己的汽车，走出股市，生活上太吝啬毫无意义。股市只有星期天和公共假日不开盘。每当找到失败或失误的原因时，在我的财富中，又增添了一条崭新的"禁令"。享受我不断增长的财富的最好方法就是不削减生活开销，当然生活有时很开心的，也有不如意的时候，真是一言难尽。事实上，我很容易记起那些在投机方面最有价值的教训，它们增长我对市场的认识。

PART 1　杰西·利弗莫尔给投机者的忠告

【李路评】

　　投资或投机的目的是让生活更美好,如果因此而忘记了享受生活,即使最终赚了大钱,又有什么意义?从这点来看,投机者都应该向杰西·利弗莫尔学习,张弛有度。

020

正有一件傻事潜伏在你身边

如果我们认识到了自己的错误,那就比我们分析成功的原因更有益处。但所有的人都会自然而然地想逃避惩罚。当你犯了什么导致失败的错误,你不会希望再来一次,所有在股市上的错误都在两方面伤害你:财产和自尊。但我想告诉你一些奇怪的事:交易商有时犯错误时,心里是很明白的。犯了错以后他又会问自己为什么,当受惩罚的痛楚过去了,经过长时间的思考,他可能会弄清楚自己是怎样、在什么时候、在什么地方犯错的,但他却还是不明白原因为什么。他只是骂自己一句然后就置之不理了。

当然了。如果一个人又明智又走运的话,他不会犯两次同样的错误,但还有成千上万种差不多的错误就难保不犯了。错误实在太多了,每当你想看看自己是不是会做傻事时,可能就正有一个傻事潜伏在你身边。

【李路评】

"正有一件傻事潜伏在你身边",每一个投资者或投机者都应该把这句话挂在自己交易时随时能看到的显眼位置。

021

做好准备

所有的投机市场都有相同之处。行情走势的分析技巧是相同的。对任何乐于思考的人来讲，其实是相当明确的。如果他多问自己几个问题，考虑一下条件，答案自己就出来了。但人们总是懒得问问题，更别说找答案了。在所有游戏中，唯一真正需要在行动前做的就是做好准备，有些人在用他一半的财产冒险时，思考的时间还不如买一辆平价汽车考虑的久。

【李路评】

之所以大部分交易者都是失败者，重要原因之一是买进卖出太容易了。如果每个进入市场的投机者每年仅被允许交易10次，相信盈利的投机者比例会大幅提升。"容易"带来"随便"，这便违反了"慎战"的精神。

022

善于休息

记住这一点：在你什么都不做的时候，那些觉得自己每天都必须买进卖出的投机者们正在为你的下一次投机打基础。频繁交易，是失败者的玩法，不会取得太大的成功。操作股票获利的时机有许多，但有些时候，应该缩手不动，绝不操作。当市场缺乏大好机会，经常休息和度假是很明智的选择。

【李路评】

"总想一直待在游戏中"是大部分投机者的通病，许多投机者甚至因此严重影响了生活。不断频繁交易的弊端有三：一是增加交易手续费；二是耗费宝贵的精力；三是因盲目而错失真正重大的机会。只有远离市场，才能更加清晰地看透市场，那些每天都守在市场的人，会被市场中出现的细枝末节所左右，最终会失去自我的方向，被市场给愚弄。

023

运气

任何认为自己的成功依赖于运气的人,最好都不要进入股市。这种看法从一开始就是错误的。大多数买卖股票的人所犯的一个严重错误是,他们认为股票交易是一种赌博活动。

从一开始,人们就要认识到,这项工作就像法学和医学那样需要研究与准备。许多人将我的成功归因于运气,事实上,我已经花了几十年全面细致地研究股市。我在这项事业上集中精力,并努力做到最好。

【李路评】

机会青睐有准备的人。当你看到某人运气不错时,可能他已经为此准备并等待了许久。

024

财务安排

在完全还清了所有债务之后,我支取了一笔非常可观的钱作为年金。我下决心不再回到那种身无分文、忧心忡忡、投资失利的处境了。自然,在我结婚后,我就为妻子划拨了一笔钱。有了儿子之后,我又为他划拨了一笔钱。

我这样做的理由并不只是担心市场会把钱从我这儿拿走,而是因为我知道一个人会把自己唾手可得的任何东西都花个精光。做了上述安排后,妻儿就不会受到我市场交易活动的威胁。

我认识的许多人都做过这样的安排,可是当需要那笔钱时,却又好话说尽哄骗妻子签字拿出那笔钱,而自己却又拿去亏掉了。但是,我是把这事安排妥当了的，无论我想要什么或者妻子想要拿出钱为我干什么，那一张托管合同起着作用，不可能动用一分一厘，这笔钱绝对安全，不会被我和妻子中任何一个人挪用，不会受到市场需求的打扰，也不会因为妻子对我的挚爱而损失殆尽。

【李路评】

利弗莫尔可谓深知投机者的"人性弱点"，这一做法值得所有交易者学习。"天有不测风云"，投机市场更是如此，你不可能永远顺风顺水，为个人和家庭做出不受交易结果影响的账务安排尤为必要。

025

明牌

我说过很多次，而且再说也不嫌啰嗦，根据我身为股票作手几十年的经验，我相信没有一个人可以始终一贯、持续击败股票市场，但是，他或许可以在某些情况下，在一些个股上赚钱。不管交易者多么有经验，他犯错做出亏损交易的可能性总是存在。因为投机不可能百分之百安全。华尔街的专家知道，根据"内线"明牌行动，会比饥荒、瘟疫、歉收、政治调整或所谓的正常意外事故，还要更快地让人破产。在华尔街或任何其他地方，都没有通向成功的柏油大道，既然如此，何必阻塞交通呢？

【李路评】

价格走势反映一切。如果"内线"明牌真的管用,会反映在市场走势上。如果不小心听到了明牌,最好的方法是忘掉它;如果忘不掉,也切不可在消息与走势不符时进场交易。

026

不要试图抄底逃顶

你必须用你的头脑、你的观察去判断，否则我的建议犹如告诉你低价买进、高价卖出一样蠢，每个人都应学会的一件最有用的事就是不要试图最后一刻卖出或第一时间买进，它们太昂贵了，已葬送了股票交易者数百万美元，足以建一条横跨美洲大陆的公路。

【李路评】

有的财经名人，偶然蒙对一次大底或者大顶，便能吹嘘一辈子。没办法，自然有大批买账的受众。幼稚投机者津津乐道的英雄，永远是"擅长"抄底逃顶的人，而非真正赚大钱的人。岂不知，你就算找出100只猴子来，让他们在每一次阶段性顶部和底部掷硬币，最终总有那么几只猴子，幸运地猜中"大顶"和"大底"。

027

永远别与行情争执

我总结出这一规则：在窄幅波动的市场上，如果价格只在小范围内波动的话，想预测下一次大的波动是向上还是向下是没有意义的，你需要做的只是观察市场，分析走势，以确定上下阻力及支撑位，下定决心，除非价格向任何方向突破界限，否则绝不介入。

交易商必须专注于从市场上赚钱，而不是坚持要求走势与他的判断一致。永远别与行情争执，永远也别问原因或要求解释。"马后炮"是得不到报酬的。

【李路评】

投机者交易的目的是为了赚钱,而不是为了辩论一件事情的对错。有的人总想证明自己的想法是对的,记住,如果你的头寸在亏损,那么你的想法再正确也没有用。专注于寻找并确认事实,而非猜测原因。

028

依赖真实，远离希望

在所有占用操盘手资金的股票当中，那些迟迟不能步入预期走势通道的股票可能是最具破坏性的。当操盘手结束一笔亏损的交易，他能明确地知道自己的亏损是多少。但是当他继续持仓，寄希望于股票会在一两天之内展现出更明确的走势，表现出更多的收益前景时，那么这名操盘手仅仅是在希望形势好转。当这笔交易中只能依赖希望的时候，我会退出交易，因为它只会让我心烦意乱。我不依赖其他东西，我只依赖真实的事物。

【李路评】

依据事实而非希望进行交易,因为"希望"对投机者来说是最昂贵的东西。在走势没有朝预期方向展开前,交易者应随时做好离场的准备。凯恩斯曾说:"市场保持非理性的时间总比你能支撑的时间长。"股价会一直跌到你难以承受为止。

029

投机不死

股票投机永远不会消失。大家不希望它消失。警告投机的危险不能阻止投机。不管大家多能干或是经验多么丰富，你无法防止他们犯错；因为意外甚至无法预测的事情会发生，小心安排的计划会失败；惨剧起源于天然灾害或是来自气候，来自你自己的贪婪或某些人的虚荣心，来自恐惧或来自无法控制的希望。但是除了那种你可以称为是天然敌人的东西之外，股票投机客必须对付某些做法，或是对付在正常情况以及商业状况下站不住脚的恶行。

【李路评】

在古代，投机是生存的必须，猎人出门前，是捕获一头美味还是遇到凶猛的野兽，无法事先知晓，出门打猎便是投机。在现代，投机制造流动性，为股票或商品提供流通的场所。从远古的龟甲占卜到目前的人工智能计算，依托概率的投机行为永远存在。

PART 2

杰西·利弗莫尔的交易理念

030

预期

为了投机成功，我们必须就某个股票下一步的重要动向形成自己的判断。投机其实就是预期即将到来的市场运动。为了形成正确的预期，我们必须构筑一个坚实的基础。

举例来说，在公布某一则新闻后，你就必须站在市场的角度，独立地在自己的头脑中分析它可能对行情造成的影响。你要尽力预期这则消息在一般投资大众心目中的心理效应——特别是那些与该消息有直接利害关系的人。如果你从市场角度判断，它将产生明确的看涨或看跌效果，那么千万不要草率地认定自己的看法，而要等到市场变化本身已经验证了你的意见之后，才能在自己的判断上签字画押，因为它的市场效应未必如你倾向于认为的那样明确，一个是"是怎样"，另一个是"应怎样"。

【李路评】

确认事实，是投资中的第一件大事。"应怎样"和"是怎样"的冲突，存在于大多数投资者的脑中，很多时候，我们以为自己在根据"事实"行动，其实，我们是被"预期"左右着。

031

欲速则不达

　　某人也许能够对某只股票形成某种意见,相信这只股票将要出现一轮显著的上涨或下跌行情,而且他的意见也是正确的,因为市场后来果然这样变化了,即便如此,这位仁兄也依然有可能赔钱,因为他可能把自己的判断过早地付诸行动。

　　他相信自己的意见是正确的,于是立即采取行动,然而他刚刚进场下单,市场就走向了相反的方向。行情越来越陷入胶着状态,他也越来越疲惫,于是平仓离开市场。或许过了几天后,行情走势又显得很对路了,于是他再次杀入,但是一等他入市,市场就再度转向和他相左的方向。祸不单行,这一次他又开始怀疑自己的看法,又把头寸割掉了。终于,行情启动了。但是，由于他当初急于求成而接连犯了两次错误，这一回反而失去了勇气。也有可能他已经在其他地方另下了赌注，已经难以再增加头寸了。总之，欲速则不达，等到这个股票行情真正启动的时候，他已经失去了机会。

【李路评】

投机如用兵，兵家毕生等待的就是"时机"二字。仓促出击、盲目出击、孤军深入、孤注一掷都是兵家大忌。

032

个股行为

股票,就像人,也有自己的品格和个性。有的股票弦绷得紧紧的,个性紧张,动作呈跳跃状;还有的股票则性格豪爽,动作直来直去,合乎逻辑。总有一天你会了解并尊重各种证券的个性。在各自不同的条件下,它们的动作都是可以预测的。

【李路评】

每只股票、每个期货品种,都有自己独特的价格行为,投机者对这种价格行为越了解,越能更安全更稳定地盈利。许多成功的投机者常年只交易一只股票或一个期货品种。成功无他,唯熟尔。

033

研究领头羊

集中注意力研究当日行情最突出的那些股票。如果你不能从领头的活跃股票上赢得利润,也就不能在整个股票市场赢得利润。

【李路评】

"领头羊"是市场中的"关键先生"和"意见领袖",往往具有牵一发动全身的作用。不管投机者是否参与买卖领头羊,都应该对其给予一定的关注。通过"领头羊"来判断大势,往往能先人一步把握机会。

034

及时入场

我的经验始终如一地表明,如果没有在行情开始后不久就入市,我就从来不会从这轮行情中获得太大的收益。原因可能是,如果没有及时入市,就丧失了一大段利润储备,而在后来行情演变过程中,直至行情终了,这段利润储备都是勇气和耐心的可靠保障,因此是十分必要的——在行情演变过程中,直至行情结束,市场必定会不时出现各种各样的小规模回落行情或者小规模回升行情,这段利润储备正是我不为之所动、顺利通过的可靠保障。

【李路评】

在行情启动确认的"关键点"附近及时入场，其重要意义在于，此时的收益风险比最高，一旦行情展开，浮盈在手的你才可以有足够的耐心面对走势动荡。

035

出场信号

正如市场在适当时机会向你发出正面的入市信号一样，同样肯定，市场也会向你发出负面的出市信号——只要你有足够的耐心等待。

没有哪个重大市场运动会在一天或一周内一蹴而就。它需要一定的时间才能逐步完成发生、发展、终结的整个过程。在一轮行情中，大部分市场运动发生在整个过程的最后四十八小时内，这是最重要的持有头寸的时间，也就是说，在这段时间内一定要持有头寸、处身场内。这一点很重要。

【李路评】

是否要获取反转前最快速凌厉的那段"鱼尾"利润，需要因人而异。放弃"鱼尾"，提前落袋为安，你可能错过很大一段利润；不放弃"鱼尾"，坚守到最后一刻，你可能面临已得利润的大幅回撤。天下的好事，不可能让你一人全得了，盈利系统也是如此，有利必有弊。

036

交易计划

根据我的交易惯例，第一步，你需要估计某个股票未来行情的大小。第二步，你要确定在什么样的价位入市，这是重要的一步。研究你的价格记录本，仔细琢磨过去几星期的价格运动。事前你已经认定，如果你所选择的股票果真要开始这轮运动，则它应当到达某个点位；当它果真到达这个点位时，正是你投入第一笔头寸的时刻。

建立第一笔头寸后，你要明确决定在万一判断错误的情况下，自己愿意承担多大的风险金额。如果根据这里介绍的理论行事，也许会有一、二次你的头寸是亏损的。但是，如果你坚持一贯的原则，只要市场到达你认定的关键点就不放弃再次入市，那么，一旦真正的市场运动开始，你就势必已经在场内了。简而言之，你不可能丧失机会。

【李路评】

兵家开战前有"五事七计"的计划与筹谋，投机也一样，交易计划的制定，可以让你运筹帷幄、不疾而速。虽然计划赶不上变化，但投机者入场前仍然要尽可能考虑各种可能的变化以及应对方法。

037

价格模式

我注意到股票上涨前和下跌前一样，总倾向于表现出固定的模式。这样的例子数不胜数，我从这些例子中得到预测性的指导。当时我只有14岁，在观察研究了数以百计的股票价格行情资料后，开始预测它们的精确性，比较股市行情的今日和往日。不久我就能预见股票价格了。而我唯一的依据，是它们过去的表现。就像我已得到了可靠情报，然后期待着股价朝着预期的方向发展。我已经给它们计时了。

例如，你可能发现在某个位置多头比空头只有一点点优势。股票市场上多头空头互相争斗，而股价记录器上的行情记录才是你判断的依据，利用这种方法你会有七成胜算。

【李路评】

　　价格行为之所以表现出一定的"模式",是因为多空双方在各个支撑和阻力位置附近的心理和力量交锋所形成的。

038

涨跌的原因

　　股价的波动总是有原因的。但行情记录本身对股价的波动不会做任何解释，不会告诉你股价波动的原因。我在14岁时不会探究价格为什么涨跌，今天我已经40岁了，我仍不会去问。

　　股价今天涨跌的原因也许两三天或者几周甚至几个月以内你也不会知道。但这又有什么关系呢？你的生意是今天，你是要在今天做出决断而不是明天。至于找出原因是可以等的。但是你要么立刻行动，要么被机会抛弃。有多少次我看到这样的事情发生啊！你会记得几天前HOLLOW公司股票突然下跌了3点，而这时市场上别的股票已止跌回稳了。那是事实。后来在下个星期一你看到报道说董事们刚通过了分红方案，这就是原因。董事们将知道股价会怎么样发展，虽然他们没有卖出他们的股票，但至少没有买进，股价缺乏内部支持，有什么理由不跌呢。

【李路评】

有这样一类投机者，总喜欢追问价格涨跌的原因。其实多数时候，价格走势产生新闻，而非新闻改变价格走势。

039

罗马不是一天建成

"罗马不是一天建成的",真正重大的趋势不会在一天或一个星期就结束,它走完自身的逻辑过程需要时间。重要的是,市场运动的一个很大部分是发生在整个运动过程的最后48小时之内,你要保证这个时候你自己在场内。

【李路评】

多数投机者总是"太匆匆",生怕错过机会。恰恰是投机者争先恐后的集中买入和卖出,造成了市场短期的顶和底。

040

关键点

如果一位投机者有能力确定某只股票的关键点，并运用关键点来解释股价的波动，就能够有相当把握建立那种从头开始一直盈利的头寸。

利用关键点位预测市场运动的时候，要记住，如果价格在超过某个关键点位后，价格的运动不像它应该表现的那样，这就是一个必须密切关注的危险信号。

【李路评】

这段关于"关键点"的真知灼见包含两个重要的信息：一是在关键点附近建立的头寸要一开始就盈利；二是如果价格走势没有走出应该有的样子，便是危险的离场提醒。

041

独自交易

我没有追随者。我自己的事自己干,而且总单独干。我凭自己的脑子赚钱。股价朝我预测的方向发展时,并没有靠朋友或伙伴帮我推动市价;股价朝不利于我的方向发展时,也没人能使它停下来。所以我不需要把我做交易的事告诉别人,当然我身边有不少朋友,但我总一个人独自做交易。这就是我一直单独干的原因。

【李路评】

很多事都适合集体智慧,但投机这件事是个例外。没有人能对你的交易结果负责,只有你自己。

042

不安

我以105 1/4的价位抛空了3500股股票,在交易大厅里,另一个客户叫亨利·威廉斯,他抛空了2500股。我常坐在行情接收器旁,为站在报价板旁的职员大声传达价格。价格表现得正如我所料的一样:价格在显著地跌了几个点后,停在那里盘整,好像是另一次下跌前的停顿。整个市场显得非常脆弱,各种情况都显示市场对我有利。

但是突然市场表现出犹豫不决让我不安,我开始觉得不满意,我想我应马上退出市场,这时实际是103,我本该更有信心,但我却觉得事情并非那样,我想某个地方出了差错,但我却不知道是哪里出了问题,但是如果有什么事情发生,而我却不知道是什么，我无法采取有效的策略保护自己，所以我想我最好赶快退出市场。

【李路评】

如果对自己的头寸开始感到不安，减仓或离场观望是最好的选择。如果走势证明是你"多虑"了，你总会有机会再次进场。

043

少交易

　　如果我一直坚持我的交易方法,那么我大约有七成交易是盈利的。每当在交易之前我就确信我的计划是正确的,那么我常常是赚钱的。而使我失误的是我没有继续坚持我的交易方法。那就是说,只有当市场上有先例支持我的交易计划时,我才做交易。所有的事都要在恰当的时机去做,但我起初并不知道这个。而这一点正是华尔街许多智力非凡的投资者失败的原因。有些十足的傻瓜,他们每笔交易都做了错误的选择。但是还有些华尔街的呆子,他们认为要不停地做交易。任何人都没有足够的理由每天买卖股票。同样,也没有任何人聪明得使他的每次交易都赚钱。

　　每当我根据先例发现市场上的交易机会时,我便

PART 2　杰西·利弗莫尔的交易理念

能赚钱；而当我在不恰当的时机做交易时，我就会亏钱。……盲目而频繁地交易是造成华尔街投资者亏损的主要原因，即使在专业投资者中也是这样。他们认为自己每天都应赚些钱回家，好像自己是在做一份有固定收入的工作。

【李路评】

少交易，更好地交易。做的选择越多，你犯错的概率就越高。将主要精力集中到少数重大机会的选择上，集中到你更有把握的交易机会上。

044

模拟交易

我听说过一些人吹嘘自己在股市进行模拟交易,并以模拟的美元数字证明其水平高超。这有点儿像一个第二天就要决斗的人的古老故事。

他的副手问他,"你是个好射手吗?"

"嗯,"决斗者说,"我可以在20步开外击中酒杯脚,"他略显谦虚。

"这很好。"无动于衷的副手继续问,"如果酒杯上有一支子弹上膛的手枪正指着你的心脏,你还能击中酒杯脚吗?"

对我而言,我必须用赚的钱来证明自己的观点。

PART 2　杰西·利弗莫尔的交易理念

【李路评】

　　将军不是在兵书里养成的,而是在战场上养成的。只有投入真金白银到市场中去,你才可能认真对待自己的操作。

045

意外

每件事都如我所料。我对极了,但却赔了个精光!我被一些意外击败了。如果没有出人意料之外,那么人与人就没有区别了,生活也就失去了乐趣。炒股游戏则变成枯燥的加加减减,它会让我们变成思维僵化的簿记员。正是猜测拓展了人们大脑的思维能力。索性把你要做的事当作猜谜吧。

【李路评】

投机游戏没有百分之百的胜率,即便你考虑得再周到,也还是可能遇到小概率事件。为避免遭受小概率事件的重创,投机者一定要做好资金管理,做好最坏的打算。

046

吸取教训

我所受的接二连三的打击使我不再那么趾高气扬,或许我应该说我变得仔细起来了,因为我知道我濒临破产。我所能做的只能是谨慎地等待。其实在交易以前就应该这样做了,这并非亡羊补牢。只不过我下次尝试时,一定要先弄清楚。如果一个人不犯错的话,那他一个月之内就能拥有整个世界了,但如果他不从错误中吸取经验教训的话,那就连上帝所赐的东西都得不到一件。

【李路评】

行走市场,需战战兢兢如履薄冰。投机者要做到谦虚对待市场,认真从错误中反思学习。

047

到底才能回升

一天我的朋友来见我,问,"你平仓了吗?"

"我干吗要平仓?"我问。

"为这个世界上最好的理由。"

"什么理由?"

"赚钱呗,已经到底了,下跌的肯定会回升,是这样吗?"

"是的,"我回答说,"首先是到底了,然后才是回升,而且不会马上回升,还会反反复复好多天呢。现在还不是它们回升的时候,因为它们还没真正死呢?"

【李路评】

白骨堆中行,抄底需谨慎。市场总会迎来反转的那一刻,但在反转之前,趋势会延续很长一段时间。

048

理论结合实际

我到了纽约后,大约做了四个月空头交易。股市像往常一样不停地回吐。我也不停地平仓,再抛出,严格地说,我并没有抱紧头寸不动。别忘了,我曾经把在旧金山地震中赚的约三十万全赔进去了,我本来挺对的,但还是差点破产。现在我的操作比较安全,一个人在经历低潮以后,会享受顺境的,赚钱的方法就是去行动,而赚大钱的方法却是要在机会来临时正确地选择。在这一行业你要理论结合实际,决不能只做研究,既要做一个研究者,又要做投机者。

PART 2　杰西·利弗莫尔的交易理念

【李路评】

对于大部分投机者来说，很难真正做到在一轮行情中自始至终持仓不动。利弗莫尔的做法可以参考，当持仓信心不足时，可以试试不断增减仓的做法。既能保证自己不被行情甩出去，又能缓解心理上的持仓焦虑。只不过，这种做法会增加交易成本。

049

行情不会突然反转

股市不可能瞬间达到光辉耀眼的顶点，也不会突然以其相反的形式告终。股市可能或者经常在价格普遍开始下跌之前很久就终止买空的局面。当我注意到这点时，盼望已久的警告一个接一个来临了，那些在股市一直处于领先地位的股票从最高点下降了几个百分点，这是若干个月来的第一次下跌，而且再也没有升上去。很明显，这些股票之间在竞争，这就迫切需要我调整战术。

【李路评】

在极度乐观和极度悲观的市场氛围中，一般投机者很难觉察到来自市场的"警告",而利弗莫尔这样耐心观察倾听的高手,便开始在"危险点"附近反向尝试性建仓,这一位置是收益风险比极高的位置。

050

保持头脑清醒

资本的损失根本不会使我忧心忡忡。但是其他麻烦就不然了,而且一定会使我焦虑万分。我详尽地研究了一下自己遭遇的灾难,当然毫不费力就清楚了自己错在哪儿。我找到出错的具体时间和地点。一个人要想在股票交易中超凡出众,他就必须完全了解自己。为了知道自己在出错时能够做些什么,很是费了一番周折。

有时候我在想,股票交易商为了学会保持清醒头脑,付出再高的代价也是值得的。许许多多聪明者破产可归咎于头脑发昏,这是一种在任何地方对任何人来说都代价昂贵的疾病,而在华尔街对于一个股票交易商来说,尤其如此。

PART 2　杰西·利弗莫尔的交易理念

【李路评】

"不识庐山真面目，只缘身在此山中"，如果投机者总是日复一日地在场内交易，想一直保持清醒的头脑几乎是不可能的事。适度的离场休息，跳出市场看市场，反而能够更客观地评价自己的交易。

051

强市场所难

　　我离开了威廉森事务所,到其他经纪人事务所做交易。在每一个地方,都没有赚到钱。这并不怪我,因为我老是想强迫市场给我它没必要给我的东西,即赚钱的机会。
　　我深信千错万错是自己的错,一点也不怪市场。现在会遇到什么问题呢?我用自己一贯研究遇到的种种麻烦的方式向自己提出了这个问题。我冷静地思考着这一问题后得出结论,问题的症结在于担心欠别人的债。这一点始终困扰着我。

【李路评】

当交易不顺时,你要明白,并不是市场在处处与你作对,而是你在处处强市场所难。

052

熊市拉抬注定失败

　　一天，我在巴黎导报上读到一条纽约快讯，说斯迈尔特斯已公布了一笔额外的股息。他们已使其股票上涨，而且整个股市都已变得很强了。当然，这就改变了我在埃克斯的一切。这条消息表明多头阵营正努力拉高出货，因为他们知道将要发生什么，他们想借助这个涨势，在风暴袭击到他们之前，出脱股票。也许他们真的不相信局面像我所估计的那样严重、那样迫近，华尔街的那些大人物就像政客一样凭空想行事。而我却不能那样行事。对于一个投机商来讲，这种态度是致命的。

　　我所知道的事件中，所有在熊市中向上拉抬的操纵交易都注定是要失败的，我一读到那条快讯就知道了只有一件事可做，那就是做斯迈尔特斯的空头。

【李路评】

　　个股逆大势而行时，有时是绝佳的顺大势逆小势的进场时机。

053

研究总体条件

我又抛出了更多股票。资金越紧张,贷款利率会越高,而股票价格就越低。我早就预见了这一点。最开始,我的预见毁了我,但现在,我成功了。但是,真正的快乐还在于我意识到作为一个股票交易商我终于走上了正确的轨道,再也不会跟跄前进,再也没有拿不准的方法了。分析行情走势是在这场游戏中很重要的一部分。在适当的时机入市,坚持自己的头寸也同样重要。但我的伟大发现在于人必须研究总体条件,衡量行动,由此能够预知可能性。一句话,我已经学会了我必须为我的钱干事。我已不再盲目地打赌,也不再想着要掌握游戏的技巧,我通过艰苦的研究和有条理的思考赢得胜利。我还发现没人能避免充当受骗者的危险。在上当受骗后会付出"受骗费"。

【李路评】

投资或投机需要大格局,需要自上而下的通盘考量。如果只盯着一个细小的局部,往往会只见树木不见森林。

054

分析行情

分析行情，并不像看起来那么难。当然还是需要经验，比在头脑中有一定的基本原则来得更重要。分析行情并不在于得知运气好坏。行情走势可不会告诉你下星期四下午一点三十五分你肯定会值多少。分析行情的目的在于探知，首先是如何，其次是在什么时候交易，也就是说，应该买入还是抛出，这对股票、棉花、小麦、玉米、燕麦同样奏效。

【李路评】

从观察分析行情中得出系统的交易计划，然后，在产生这些计划的前提条件没有发生变化时，坚持遵循交易计划。

055

股票行为

投资是一种艺术，股票投机尽管遵循一些主要的法则，但不仅仅只依赖数学或定理，甚至在我研读行情的时候，我所做的也不仅仅是计算，我更关心股票的行为举止，换句话说，我关注的是那些能使你判断市场是否与先例表现一致的证据，如果股票表现不妙，就不要碰它。如果找不出股票表现不妙的原因，当然你无法预知市场的方向。无法诊断，何以预测；不能预测，自然赚不到钱。

【李路评】

投机是艺术而非科学,其中不存在1+1必然等于2的因果推理,有的只是概率和胜算。如果投机市场真的存在必然的科学因果,这个市场也就不会存在了。

056

落袋为安

尽管我经常判断股市行情走势百分之百正确,然而我并未因此而赚到足够多的钱,为什么呢?不完全的胜利同失败一样需要进一步研究。

……我常常在获利了结之后,再等待永远不会来临的回档。我保守的口袋里安全地躺着四点的利润,但却眼睁睁地看着卖掉的股票再飞涨十点。人们说落袋为安绝不会变穷。当然,你不会。但在多头市场里赚上四点就走,你也不会致富。

【李路评】

"止损,让利润快跑。"这句话人人知道,但没几个人能真正做到。多数投机者恰恰相反,判断正确时见好就收,判断错误时抱着幻想死扛。

057

估计整体行情走势

对老帕特里奇的话我当时不大在意。回想过去，当股市对我有利，而常常却没有赚到该赚的钱时，我才意识到老帕特里奇话语中的智慧。越想他的话越觉得他多么老练，他年轻时也吃了不少亏，因此知道自己的人性弱点。痛苦经历已教会了他拒绝各种难以抵挡的诱惑，因为它的代价太昂贵，我也如此。

最终老帕特里奇反复告诉其他投机者："嗯，你知道这是个牛市。"他的真正意思是说赚大钱不能靠个别股价波动而在于股市大的走势，换句话说，不能靠读行情报价机而在于估计整个股市行情和走势。意识到这一点，我认为在投机方面我已有了长足的进步。

【李路评】

覆巢之下无完卵，这句话在股市体现得更为充分。牛市里，几乎所有股票都会上涨；熊市里，几乎所有股票都会下跌。观察并顺应大势，才能立于不败之地。

058

不动如山

在华尔街混了多年，输赢了几百万美元之后，我要告诉你："我之所以赚了大钱，从来跟我的思想无关，有关的是我稳如泰山的功夫，明白吗?我稳坐不动。看对走势没什么了不起的。在多头市场你总能找到很多很早就看涨的人，在熊市很早就看跌的人。我认识许多看盘高手，他们也是在最佳位置买进股票。而且他们的经验总是跟我不谋而合。但是，他们却没真正赚到钱。看对市场而且紧握头寸不动的人难得一见，我发现这也是最难学的事。股票交易者只有牢牢把握了这一本领他才能赚大钱。知道如何交易的人要赚取百万美元较那些不懂交易的人赚几百美元更为容易。

【李路评】

对投机者来说,有两样能力最重要:一是判断力,二是坐功。只有"判断正确"加上"不动如山",才能赚大钱。

059

无组织的公众

每一个熟悉华尔街的人都知道,股市不可能按照随意的方向运行,虽然它确实反映着许多人的观点,而公众是无组织的,参与股市这个盛大游戏的交易者中很少有人知道他们邻居的决策。但是大炒家和主要的股票作手们清楚地知道,特定的股票应该在什么价位卖出,或者可以被炒到什么价位再卖出。他们不遗余力地诱多、诱空,或者诱使股民在特定的价格水平上锁仓不动,这些都是行情纸带解读者需要解决的问题。

【李路评】

市场的参与者大多是普通公众,但大众往往没有主见,最终决定走势的,还是大炒家以及专业人士、意见领袖。建议每一个投机者都读读《乌合之众:大众心理研究》(企业管理出版社)这本书。

060

行情解读

行情纸带就像是没有两帧相同影像的电影。画面每两秒变化一次。每一次变化都和先前有一定关系，又为即将发生的埋下伏笔。阅览行情纸带并理解股市的瞬息万变，在5小时的交易时间里不断地运用各种变化所涉及的常识，摘取出核心的事实，辨识出其背后意图以及可能即将发生的情况，这些正是利弗莫尔每天的工作。

【李路评】

"道氏理论"三大经典假设的第一条便是：市场走势包容和消化一切信息。

资金的一切意图均会在走势上反映出来，如果交易者足够专注和耐心，通过日积月累的经验累积，他便能从走势上获取他想要的一切信息。

061

先入为主

如果我做多头,那是因为我对形势的分析使我看涨。但你可能发现了许多公认的聪明人看涨是由于他们拥有股票。我不允许我的资产,或先入为主的观念,来替我思考,这就是我之所以反复强调我永远不和行情记录争论的原因,由于股市出乎意料或不合逻辑就对它火冒三丈,就如同得了肺炎跟自己的肺怄气一样,是不可取的。

【李路评】

"人们只看到他愿意看到的,记住他愿意记住的。"说起来或许有点可笑,但事实是,大部分投机者的确因为持仓才看涨,而非因为看涨才持仓。他并非在买入之前反复分析,而是买入之后才到处寻求看涨的新闻和评论来安慰自己。

062

抓大波动

我已逐渐认识到对于股票投机除了分析行情走势外还需要什么，老帕特里奇坚持说在牛市保持头寸是至关重要的，这一点使我将主要精力放在了判断市场的性质上面。我开始认识到抓住大幅度波动才能赚大钱。无论大幅度波动的首次冲击会带来什么，操纵基金和玩诡计的金融家都无法使其保持长久，而只会依赖于基本条件。

在牛市里做多头，熊市里做空头，听起来挺傻的，是吗？但现在，必须紧紧抓住基本原则，我花了很长时间才学会如何有原则地交易，但公正地说，我必须提醒你直到那时我还没有足够资金做那样的投机,如果你有足够的资本你就能建立大量的头寸,在大波动中你就能赚大钱。

【李路评】

市场中流行趋势投机,你到处都能听到自诩为趋势操作的投机者,其中大多是赚了几个点就惴惴不安落袋为安的人。这种人是典型的"叶公好龙",内心垂涎趋势投机的丰厚利润,却总是在行情刚刚启动时便跳下了车。

063

靠投机来生活

我总是不得不,或者说我觉得我不得不,靠投资于股市来赚生活费。这事实上对我的交易产生了干扰。但现在不仅仅我的自信心增强了,我的经纪人也不再把我当成一个偶然好运的投机小子了,他们在我身上赚了不少钱,而现在我以正当的方法成了他们的明星客户了,一个能赚钱的客户对于任何一个经纪商都是一笔财富。

那时我对于仅仅研究行情记录已开始不满足了,我也不再把自己置身于某些股票波动之外,如果真有这种情况发生,我需要从不同的角度研究一下。我从具体事件考虑到基本原则,从价格波动考虑到基本条件。

【李路评】

对于靠从投机中赚钱来养家糊口的人，会面临比普通投机者更多的压力。因为他们心中有一个计时器，使得他们不得不每月赚点钱来生活，这会在一定程度上增加他们犯错的几率。时间压力之下，便很难从容进出场，也很难在行情不好时离场观望。

064

最小阻力方向

你观察着市场,当然是通过行情记录机记录的价格走势,只有一个目的:确定方向,也就是价格趋势。我们知道,价格会根据遇到的阻力上升或下跌。为了简洁地解释一下,我们可以说价格像其他所有的东西一样,沿最小阻力线运动。它们总会怎么容易怎么来,因而如果上升的阻力比下跌的阻力小,价格就上涨,反之亦然。

【李路评】

牛顿第一运动定律(又称惯性定律、惰性定律)指出:任何物体都要保持匀速直线运动或静止状态,直到外力迫使它改变运动状态为止。

万事万物背后都有着一股无形的力量,推动事物前进的方向。事物总是倾向于沿最小阻力方向运动。价格运动也是如此。

PART 3

杰西·利弗莫尔的交易方法

065

判断依据

我这里想强调的是，如果你对某个或某些股票形成了明确的看法，千万不要迫不及待地一头扎进去。要从市场出发，耐心观察它的或它们的行情演变，伺机而动。一定要找到基本的判断依据。

打个比方说，某个股票当前的成交价位于25美元，它已经在22美元到28美元的区间里维持了相当长时间了。假定你相信这个股票最终将攀升到50美元，也就说现在它的价格是25美元，而你的意见是它应当上涨到50美元。且慢！耐心！一定要等这个股票活跃起来，等它创新高，比如说上涨到30美元。只有到了这个时候，你才能"就市论市"地知道，你的想法已经被证实。这个股票必定已经进入了非常强势的状态，否则根本不可能达到30.00美元的高度。……这才是你为自己的意见签字画押的时候。

【李路评】

青泽认为，人为市场立法。形成基本而明确的判断依据极为重要，如果没有基本的判断依据，仅靠"盘感"来进出市场，你的操作便会失去一致性和稳定性。

066

进场时机

　　我的经验已经足以为我证明，真正从投机买卖得来的利润，都来自那些从头开始就一直盈利的头寸。……我选择一个关键的心理时刻来投入第一笔交易——这个时刻是，当前市场运动的力度如此强大，它将率直地继续向前冲去。

　　这只股票之所以继续向前冲，不是因为我的操作，而是因为它背后这股力量如此强大，它不得不向前冲，也的确正在向前冲。曾经有很多时候，我也像其他许多投机者一样，没有足够的耐心去等待这种百发百中的时机。

【李路评】

价格行为中也存在"惯性"的作用力,耐心等待明显的作用力出现,顺势操作,是风险最低的进场时机。但市场没有百分百确定的事情,一旦反常应立即离场观望。

067

正常走势与反常行为

当一轮行情开始的时候，在最初的几天，伴随着价格的逐渐上涨，形成了非常巨大的成交量。随后，将发生我所称的"正常的回调"。在这个向下回落过程中，成交量远远小于前几天上升时期。这种小规模回调行情完全是正常的。永远不要害怕这种正常的动作。然而，一定要十分害怕不正常的动作。

一到两天之后，行情将重新开始，成交量随之增加。如果这是一个真动作，那么在短时间内市场就会收复在那个自然的、正常的回撤过程中丢失的地盘，并将在新高区域内运行。这个过程应当在几天之内一直维持着强劲的势头，其中仅仅含有小规模的日内回调。

【李路评】

　　一旦建仓入场,投机者要时刻注意的就是,价格行为的运行是否正常。正常则不动如山,反常则离场观望。

068

危险信号

这是一个迫在眉睫的危险信号。在这轮市场运动的发展过程中，在此之前仅仅发生过一些自然的和正常的回调过程。此时此刻，却突然形成了不正常的向下回调——这里所说的"不正常"，指的是在同一天之内，市场起先向上形成了新的极端价位，随后向下回落了6点乃至更多——这样的事情之前从未出现过，而从股票市场本身来看，一旦发生了不正常的变故，就是市场在向你闪动危险信号，绝对不可忽视这样的危险信号。

在这个股票自然上升的全部过程中，你都有足够的耐心持股不动。现在，一定要以敏锐的感觉向危险信号致以应有的敬意，勇敢地断然卖出，离场观望。

【李路评】

很多时候，当"反常"的危险信号出现，投机者总试图去寻找背后的原因，而迟迟犹豫不决，以至于错过了第一时间避开风险的时机。

069

行情启动信号

不论何时,只要耐心等待市场到达我所说的"关键点"后才动手,我就总能从交易中获利。

为什么?因为在这种情况下,我选择的正是标志着行情启动的心理时机。我永远用不着为亏损而焦虑,原因很简单,我恰好在准则发出信号时果断行动,并根据准则发出的信号逐步积累头寸。之后,我唯一要做的就是静观其变,任由市场自动展开行情演变的过程,我知道,只需如此,市场自身就会在合适的时机发出信号,让我了结获利。任何时候,只要鼓起勇气和耐心等待这样的信号,我就能按部就班,从不例外。

【李路评】

在"关键点"入场,胜率不高,但收益风险比很高。投机者在此面临的挑战是,在真正的进攻开始之前,可能会多次受到假信号干扰,被反复"打脸"是常见的事。关键是,在被反复"打脸"之后,当信号再次出现,你还敢不敢一如既往地坚持你的操作系统。

070

抢进抢出

不顾行情大的走势，试图抢进抢出是我失败的关键，没有谁能抓住所有的股价波动，牛市时，你的游戏就是买进股票，一直等到涨势快要结束。要做到这一点你必须研究整体状况，而不是内部情报和影响个别股票的因素。然后全部抛出你的股票，统统地抛出！一直等到股市行情倒转，一轮新的行情出现了。

这就是我的体会：研究整体状况，抱牢头寸。我不急不躁地等待，遭受挫折不惊慌，知道这是暂时的。我曾卖空10万股股票，眼看着股价迅速反弹，我已预料到这定会出现，然而我仍按兵不动，眼睁睁看着50万浮动利润消失，完全没有想过回补卖空的股票，等股价反弹时再卖出去，因为如果那样做，我就失去了头寸。为你赚大钱的是大行情。

【李路评】

　　投机新手普遍有个毛病，喜欢或推崇"高抛低吸"，似乎他知道哪里是"高"、哪里是"低"。折腾来折腾去，盈利没见增长，精力和健康被耗散不少。而精力的耗散，最终必将影响到交易者的判断力。

071

坚持自己的判断

很明显我正确地理解了行情记录,却像个傻子似的让埃德·哈丁动摇了自己的决定。谴责别人是没道理的,再说我也不能浪费时间,反正已经覆水难收了,我下单平仓空头……损失了4万美元,这一课上得还算便宜,对于一个没有勇气坚持自己初衷的人来说,这代价不算大。

我并不太烦恼,因为行情记录表明价格还会更创新高,这种走势很不寻常,而且董事会的行为也没什么先例,但这次我要按自己的想法做事了,我平掉了4000股空头,决定按照行情记录的提示赚一笔,于是勇往直前,买进4000股,直至第二天清晨,然后我抛出,我不仅补偿了我损失的4万元,还赚了1.5万。

【李路评】

利弗莫尔因为别人的建议而动摇自己的看法,不过他并没有沉浸在懊悔中,而是及时客观评估行情走势,亡羊补牢。这种对待投机客观冷静的态度尤其值得学习。

072

基本原理

人们想掌握股票交易的基本原理是很不容易的，我以前总是说买入时最好选择在上涨的股市，而现在，关键不在于能否买到最便宜的股票或在最高价上做空头，而在于是否能在恰当的时机买入或抛出。当我身处熊市，抛出时，每一手一定比前一手卖得低。当我买入时刚好相反，我一定会在上涨时买进，我从不在下跌时做多头，只在上涨时才做。

【李路评】

投机者往往在市场中反复碰壁打磨之后，才开始真正领悟简单的"基本原理"的价值。大道至简，从简单开始，最终回归简单。

073

计划

　　如果你在操纵一个大数目，就得时时刻刻想着点，应该先研究条件，再认真地做出计划，然后才付诸实践，如果你手上有大量的头寸而且有巨额浮动利润，那根本不能随意抛出，你不能指望股市吸收五万股像一百股那么容易，你只有等，等一个能够接受的市场，这就到了考虑购买力的时候。机会一来，就必须牢牢抓住，他得一直等待，这是规则，他必须等到他能卖的时候，而不是他想卖的时候，想知道什么是恰当的时间，他必须观察、尝试，想指出股市何时能接受你想抛的股票可没有什么诀窍。

【李路评】

在操作之前有明确的计划并坚定执行,投机者只要能坚持这一条,就能将一只脚从亏损的泥潭里抽出来。可惜的是,多数人在市场上都是四处碰壁的无头苍蝇。

074

全线入市

刚刚开始一项举动时,除非你确定局势非常之好,否则直接全线入市是不明智的。要记住,股票永远不会太高而不能买入,也永远不会太低而不能抛出。但是,第一笔入市以后,除非真的有利润,否则不要采取第二步,等待,观察。你的行情记录会让你判断是否到了可以开始的时间,在恰当的时机开始行动对许多事都关系重大。我花了几年的时间才认识到这一点,当然还花了成千上万美元的学费。

【李路评】

"全线入市"这种行为完美诠释了投机者的两

大心态:"恐惧"和"贪婪"。许多投机者之所以总是一开始就采用重仓甚至满仓的方式进场,一是总想以更低的成本买入;二是害怕行情从此一骑绝尘永不回头。

075

挨耳光

我犯了个错误,但错在哪儿呢?在熊市遵循熊市的做法,这是英明之举。我做了空头,这也是正确的。我抛得太早,代价太大,我的头寸是正确的,但我的时机错了。但是,市场却日益接近不可避免的崩盘,所以我等待着,当价格开始不稳定,终于停止时,我把菲薄的保证金全用来卖空股票。这次我做对了,因为只有那一天有这样一个机会。第二天又开始回稳,真是又上了一次当。因而我观察行情记录,平仓并再等待。在适当的情况下,我又继续抛出。于是它们就又如往常一样下跌,而后又突然上场。

【李路评】

投机者被假信号反复折腾被称为"挨耳光"。试图在第一时间入场,"挨耳光"总是难免的,习惯了就好了,别把它当作是一种羞辱,当作是行情展开前的一种试探就好了。心态放平,控制仓位。

076

过早起跑

我可以说这是很不寻常的,所发生的就是这样:向前看,有一大堆美元,旁边立着一块牌子,用很大的字体写着"自己想办法吧!"旁边一辆马车,车身的一侧写着"劳伦斯·利温斯顿马车公司"。我手里拿着一把崭新的铁铲,周围一个人影也没有,我想挖金子也没有人可能帮忙,而挖金子又可以创造一种先于别人拥有美元堆的美景。其实好多人如果停下来看一下的话,也可以看到,可惜他们那时却只是关注了篮球赛,或正准备用我看到的钱买汽车洋房。这是我第一次看到前面有大堆美元,很自然地我向它飞奔过去,但还没等我跑到,风就倒着吹了回来,我跌倒了。美元堆还在老地方,但我的铲子、我的武器丢了。这就是过早起跑的恶果！我太想证明我看到是真正的美元而不是幻景。我看到了，而且知道自己看到了。我只想着这绝妙的发现会带来什么，却忘了考虑一下距离。我应该走过去，而不是飞奔过去的。

【李路评】

如果不控制好仓位，在市场上"过早起跑"早晚会被三振出局。要么以小仓位赌"反转点"，要么耐心等待行情反转的确切信号出现。

077

支撑和阻力

假设市场像平常那样上下起伏。在十点的范围内波动：压力点为130，支撑点为120。有可能当它跌到支撑位附近时显得非常虚弱。而在上升阶段，上涨了八点十点后，它可能看起来非常强势。一个人不该由于某种迹象就被吸引去交易，他应该等行情记录告诉他时机是否成熟。事实上，人们看股票便宜就买，看股票贵就抛，已损失了成百上千万美元。投机者不是投资者，他的目的并非追求稳定的回报，而是从价格的起落中获利。因而需要决定的是在交易时最小阻力的位置，他需要等待市场自己确定自身的支撑和阻力位。因为这是他的交易指南。

PART 3　杰西·利弗莫尔的交易方法

【李路评】

　　识别重要的支撑和阻力，是判断价格最小阻力方向的常用方法。对于活跃市场而言，价格的支撑和阻力很难是少数几个人操纵的结果，而是市场资金的合力作用的结果。

078

突发事件往往顺应最小阻力方向

在这儿我所说的虽然并非精确的定理或投机的公理，但我的经验是，只要我的头寸是基于对最小阻力方向的判定，那些突发事件总会对我有所帮助。还记得我给你讲过的在萨拉托加发生的太平洋联盟交易吗？我做多头是因为我发现最小阻力线正在上升。我应该坚持做多头，而不该听经纪人说什么内幕人士都在抛出。董事们心里所想的就是我可能不知道的事，但我能够而且的确知道行情走势说"正在上涨！"然后果然就是出乎意料的提高红利，股票也涨了三十点。价格到了164的确看起来挺高，但就像我以前说的那样，永远不要因价格太高而不买，永远不要因价格太低而不愿抛出，价位高低从本质上来说，与确立最小阻力线毫无关系。

在实际操作中,你会发现在收盘后发布的重大消息往往与最小限力线相一致。在消息公布之前,趋势就已经确定下来了。

【李路评】

突发事件往往与最小阻力方向一致。退一步讲,偶尔会出现突然事件与最小阻力方向不一致的时候,但此时正是逆小势顺大势加仓的时候,价格往往在短暂折返之后,继续沿着原来的最小阻力方向运行。

079

与人性弱点对抗

听起来似乎挺容易的,你只需观察行情走势,确立阻力位,一旦确定了最小阻力线就立刻顺着它做交易。但在实际操作中,一个人却必须警惕许多事情,而且大部分都是与他相对立的,也就是说,与人性的弱点对抗。在牛市中人们会忽略利空的因素,这是人性,但人们常惊叹于这种人性。由于出现一两个季节的恶劣天气,有人就说小麦期货会暴涨,结果会惊讶于原来损失是如此之小。他们会发现他们只是帮了空头。

PART 3　杰西·利弗莫尔的交易方法

【李路评】

人性容易受短期波动的影响，容易受不断跳出的新闻消息的影响，想摆脱这些影响而客观地看待市场是极为困难的。也许，交易者应该每周看一次行情走势，而非每分钟。

080

保持开放灵活的思维

做期货交易的人一定不要持一成不变的观点。他必须思维开放且灵活。无论你对于谷物的供需状况有什么样的观点,都不要轻视行情记录传达的信息。我记得有一次因为我太冲动,结果失去了一个很大的机会。我对于形势非常肯定,我认为没有必要等最小阻力线成立,我甚至决定我可以帮它一把,因为看起来只需要一点帮助就行了。 我认为棉花会大涨。当时棉花期货一直就在一角二分左右波动,在一个比较小的范围上下浮动。我知道我应该等一等,但我又想,如果我稍稍给它加把劲儿,它就能突破阻力位了。

我买了五万包,它的确涨了,但我一停止买入它也就停止了上涨。然后它就跌回我买入时的价格。我平了仓，它也就止跌了。我觉得行情的确要启动了，我应该再一次帮它，同样的事情发生了。我一共这样做了四五次，损失了二十万美元。我终于放弃了，过了没多久，它就又开始涨了，一直涨到了让我恨不得死去的地步，如果我不是那么急于开始该多好啊！

【李路评】

这种因为试图提前进场而被反复"打耳光"的情形，相信大部分交易者都经常遇到。总想以稍低一点的成本进场，总担心行情启动自己跟不上。这就是急躁的代价。

081

投机准则

　　我做棉花期货一直很成功。我有我的一套理论，交易中我以它为准则。假如我决定做四万到五万包，那么，我就会像我告诉你那样去研究行情走势，看看到底该买还是该抛。假如最小阻力线显示出上升趋势。那我会先买入一万包，我买了以后，如果市场又上升，我会再买一万包，是同样的道理，然后，如果我能得到二十点的利润，或者一包赚一块钱，我会再买两万包，这就是我做交易的方法。但如果买了一万或两万包以后，出现浮动亏损，那么就平仓，因为我错了，可能只是暂时的错，但我说过无论什么错，都无利润可言。

PART 3　杰西·利弗莫尔的交易方法

【李路评】

利弗莫尔"试探—加码"的建仓策略较为科学，以较低的试错成本来获取较大的潜在利润。听起来很简单，但多数投机者总喜欢一次性建立重仓，相应的也就增加了自己的犯错成本。

082

赢时才下大注

我一直坚持自己的系统，并由此一次大行情也没错过，在建仓的过程中，总会先亏掉五六万美元去测试市场。这看起来像是个过于奢侈的测试，但其实并不是这样的，当真正的行情开始时，这点亏损立即就赚回来了，只有抓住机会正确行动才赚得着钱。

只在赢的时候才下大注，而错的时候只亏一点探测性的赌注非常英明。如果按我说的方法去交易，他就总可以持有有利润的头寸，赚得丰厚回报。

【李路评】

利弗莫尔喜欢在"危险点"或"反转点"附近

PART 3　杰西·利弗莫尔的交易方法

试探性建仓，好处是收益风险比极高，坏处是被"反复打脸"的概率也极高。所以，轻仓试探是必要的，不然等真正行情到来，你已经没有能力建立足够的仓位了。

083

留强汰弱

棉花期货交易表明了我失利，我保留着，小麦期货交易表明获利，我却抛出。真是错到极点……。总是抛出已有损失的头寸，而保留获利的头寸。这是再明白不过的事情了。可是，直到现在我都还在惊讶自己怎么把事情做反了。我就那样卖掉了小麦，把盈利的头寸脱手后，小麦价格每蒲式耳上升到二十点，要是我当初没抛出，将获利八百万美金。于是，为了继续原计划，我居然又买进了更多的棉花！我现在都还清楚地记得，每天是怎样买进棉花的，而且是买得愈来愈多。为什么要买进？为了避免价格下跌！

【李路评】

这是利弗莫尔投机生涯中的一次重大挫折,因为受一位自己尊敬的人的影响,自己完全失去了主见,不仅卖强留弱,还在下跌中不断摊平亏损,最终导致数百万资产化为乌有。

084

危险的敌人

懂得了一个人会无缘无故地做出蠢事来倒是件有益的事情,我花了几百万的代价才知道这一点。对于一个商人来说,另一种危险的敌人是当一个高明的人对他口若悬河时,他会因为这个魅力十足的人的鼓动而受到影响。然而,我一直认为假如只花一百万就能得到教训,何必花去那么多呢?不过命运之神并不总是让你自己开价。她把受教育的乐趣让给你享用,然后把账单呈上来,她知道无论数目多大,你不得不付账。

【李路评】

利弗莫尔用亏损几百万并破产的代价告诉投机者：时刻警惕"专家"类型的危险敌人，保持自己思维的独立性。

085

赌博者

在华尔街有许多人因为想从股市赚到汽车、手镯、游艇和名画而亏钱。我们可以用市场拒付的生日礼物建一所大医院。

一个人着手从市场赚得急需的东西，他该怎么办呢?他就变成赌博者了。承担着比平常交易大得多的风险。一开始，他就在追求立竿见影的利润。他一点都不愿等待。市场好像就一定得对他有利。他自我吹嘘，只投入同额赌注。因为他准备好了要跑得快点——比如说，当他希望赚到两点时，下跌两点止损——他抱着只抓住对等的机会的谬论。我已经见过做这种事的人亏掉成千上万的美金了，特别是那些在高位买进的人。这确实不是制胜之道。

PART 3　杰西·利弗莫尔的交易方法

【李路评】

当投机者总想着用赚来的钱支付账单时，便很难专注于目前的行情并根据客观事实行动，而且研究证明，此时的投机者更加容易冲动交易和重仓交易。

086

远离诱惑

我远离威廉森—汤姆斯公司。我的意思是说,在股价稳定的六周内我一直不到他们那儿去。我担心如果去了交易大厅,了解到可以买五百股的话,就可能受到诱惑,在不恰当的时刻,买卖不能获利的股票。一个投资者,除了研究基本情况,牢记市场先例,把外界公众心理和自己经纪人的局限性铭记于心,还必须认识自己和清楚自己的弱点。我懂得读懂自己和读懂股价行情是同样重要的。我对自己对所承受的压力和活跃市场的不可避免的诱惑力的反应做过仔细研究并思考过,当时的精神状态同我考虑农作物行情和分析收益报告一模一样。

就这样,一天又一天,我心急如焚地等待重新入市。我坐在另一个经纪公司的行情牌前,在那儿我不可能买卖股票,只是研究市场,不错过股价行情记录的任何一笔交易,密切注意上涨铃响的关键时刻。

【李路评】

和大部分寺庙建在远离闹市的地方一样,一些投机高手也刻意为自己营造与世隔绝的环境,因为人性拒绝诱惑的力量太弱小,与其相信自己能"坐怀不乱",不如远离诱惑。

087

耐心等待

正如我所料,贝斯莱姆的股票每天都在上涨,越涨越高。然而,我还是控制住自己不要冲动地去威廉森—布朗公司买入五百股股票。我必须使第一笔投资尽可能获益。

股票每上涨一个点就意味着我又没赚到五百美元。第一次上涨的十个点意味着我本该加码投入的。那样的话,现在手里就不是五百股了,而是握着每涨一点就可赚得一千美元的一千股股票了。可是,我却端坐在那儿,我不是倾听心中喋喋不休的希望和闹闹嚷嚷的信念,而是来自经验的平稳声音和常识的忠告。最终还是常识战胜了贪婪和希望,耐心等待了六周。那等待最佳时机的六个星期,是我曾经度过的最使人紧张和疲乏的六个星期。

【李路评】

如果选出一个大部分投机者最缺乏的品质,那一定是"耐心"。在确定性信号出现前,如何处理好"期待以更低成本买入"和"担心错过大行情"这两种心情,关乎投机成败。安德烈·科斯托兰尼曾说:"在证券交易所里赚钱,不是靠头脑,而是靠坐功;耐心是证券交易中最重要的东西。"

088

何时离场

我作为职业交易商积累了三十年的经验是,这种事情一般是沿着阻力最小的方向推进的,我的市场观点立足于这一道理。另一件要牢记于心的是:绝对不要企图在最高价时抛出。这不明智。如果没有信息显示股价将止跌并强劲反弹,就在市场疲软后开始回升时抛出。

【李路评】

许多人可以抵御进场的诱惑,却难以抵御离场的诱惑。原因很简单,进场前你没有持股,而离场前你手里有着价格不断变动的持股。离场的难处在于,你既要担心"盈利大幅回吐",又要担心"错过大幅利润"。能较好地调和这两个矛盾的方法,也许只有"分批离场"了。

089

股价不会因打压而持续下跌

我说过一千次这样的话,任何操纵手段都不能把股票压低或使之保持低价。关于这点并不神秘。任何人只要不怕麻烦思考半分钟,答案就明明白白。假如一个炒家对一种股票突然采取行动,也就是说,把价格压低到实际价值水平线以下,那么会发生什么不可避免的事呢?这个人就会立刻抓住时机买进。那些懂得股票价值在哪里的人就会趁这种股票廉价出售时吃进。……只要存在有使股票猛跌的行为,即不正当地卖空,通常就容易引起买进,而且只要什么时候有这种情况存在,价格就不可能保持低价。我该说一下,在一百种情况中的九十九种情况下,所谓的故意造成股票价格猛跌而确实又是合法的下跌,这种下跌往往并不主要是由某个职业投资者的动作引起的，不管他能进行多长的长线投资。

【李路评】

股票持续下跌必然有下跌的原因，但持股者却没有必要去思考背后的原因。此时，千万不要幻想是所谓的庄家在打压建仓，最好的做法是，坚持自己的"硬止损"原则，不管它是10%还是20%。

090

预感

我的一位挚友最爱对人说起我身上有一种他认为是预感的东西。他总是说我的这种预感就是不需要分析就知道该怎么做的能力。他宣称我只需盲目地跟随着一些神秘的驱动力，就会因此在最佳时刻从股市脱身。他最得意的奇谈是关于一只猫，他说这只猫在早餐桌上告诉我抛出手中的大量股票。我得到这只猫咪的信息后，就心情不好，坐卧不安，要等到我卖掉做多头时买进的所有股份才能安定下来。这样我得以在股票价位最高点脱手，这自然更加证实了我这位固执朋友的预感理论。

我承认有时候我确实有一定要在股市上做某些事的不可遏制的冲动。直到这样做了，我才舒服。我自己倒是想，所发生的是我看见许多警示信号。也许，并不是某一个信号十分清晰或强有力地为我提供了一个明确的理由，来解释我为什么做我突然想做的事情，也可能那就是人们所谈到的"股票行情感觉"。

【李路评】

预感这种颇具神秘色彩的现象，背后是长期观察记忆带来的对市场的感觉，当然，"预感"中自然含有很大"运气"成分。

091

交易者训练

证券交易者获得的训练就像接受医学教育。医生不得不花费很长时间学习解剖学、生理学、药物学和其他十几种旁系科目。他学会了理论,然后继续致力于实践。他观察各种疾病引起的现象,并将此分类。他学会了诊断。如果诊断正确——这得依靠他准确的观察——他就该出色地进行预测。当然要牢记,人类难免要出错和始料不及的因素将妨碍他的诊断百发百中。接下来,随着他经验的积累,他不但学会把事情做正确,而且要迅速做完,以至于别人会认为他是天生就会干医生这行。这确实不是他的天生行为。这是他根据多年来对这种病例的观察才诊断出病情的。而且,自然而然地,他诊断出病情后,只能用那种经验告诉他是正确的处理的方式去治疗这种病。人们可以传播知识——即，你可以专门收集一些卡片索引证据——但绝不能传播经验。

【李路评】

交易者这一职业确实是最难训练的。难处一在于系统的科学的训练方式；难处二在于每个交易者的性格不同，适合他的理论或系统也不同。交易者只能通过训练获得基本的对市场的认识，最终的提升，还是要在日积月累的实战交易与认识自我中去磨炼。

092

成功交易必备

观察、经验、记忆和数学,这些是成功的交易商必须依靠的东西。他不但必须观察准确,而且必须永远记住自己观察到的东西。他不能在毫无根据或出乎意料的事情上下赌注。不管自己对于这种无根据的东西会多么确信,也不管他多么肯定这种出乎意料的东西多么频繁地出现。他必须总是在可能性上下赌注,就是说,要预料这些可能性。在这种投资活动中,多年的实践,持续不断的钻研,永久的记忆,就能使他在这种出乎意料的事情出现和消失时立刻做出反应。

在这行拼搏多年后要养成熟悉一切的习惯。他的动作几乎要达到自动的程度。他要获得那种宝贵的专业态度,这可以使他在这一行中获胜,不断地获胜!

【李路评】

欧洲"证券教父"安德烈·科斯托兰尼曾说："任何学校都教不出投机家,因为投机家的工具,除了经验外,还是经验。我不愿意用我的经验,去换取相当于我体重的黄金,这一点都不划算。"

093

走势背离

即使在多头市场,如果某种股票的走向与这种市场不相称,我都从不买进。有时候,我在那种不容置疑的多头市场期间买进一种股票,结果发现同一类股票中的其他股票不是涨势,于是我就抛出这种股票。为什么?经验告诉我,同那种我称之为明明白白的群体倾向相违背是不明智的。我不能只依赖确定的东西,必须推测各种可能性,并且预见它们。有一个经纪老手曾对我说:"如果我正沿着一条铁轨走,并且看见火车以每小时六十英里的速度向我开来,我是继续沿着铁路走吗?我的朋友,我横跨一步躲开它。我也并不因为这点聪明谨慎就沾沾自喜。"

【李路评】

事出反常必有妖。该涨不涨、该跌不跌，都是价格走势中的反常行为。当反常出现时，离场观望是最佳的策略。

094

下跌必有因

事情再明显不过，切斯特内幕集团当时并没有做任何在上涨期间内幕集团该干的事情。这样平常的事都没有做可能有两个理由。也许是内幕人士因为希望在上涨之前积聚更多的股票而没有把价格推上去。但是如果你分析一下切斯特股票的交易量和特点，就会觉得这是站不住脚的理由。另一个理由是他们没有抬高是因为如果抬高，就担心卖不出去。当那些应该需要股票的人不想买进时，为什么我又该买进呢？我估计无论其他汽车公司股票多么繁荣，卖出切斯特的股票是必然的事。经验告诉我要提防买那种拒绝跟随同类领头股的股票。

PART 3　杰西·利弗莫尔的交易方法

这之后不久的一天，这只股票暴跌。后来，可以说是从官方渠道得知，由于清楚地知道公司不景气，内部人员一直在卖出股票。就像通常一样，股价下跌后原因就泄露了。可是那警示是在下跌之前到来的。

【李路评】

官方消息几乎永远滞后于价格走势所揭示的最小阻力方向。

095

自信源自观察

一些同我一起在哈特温泉度假的朋友谈到那天我从午餐桌前一下子跳起来去第二次抛出一万包棉花的情形。不过，这也肯定不是预感。这是一种来自于自信的推动力，确信不管以前出过多大的错，抛出棉花的时机终于到来了。我必须利用这个机会。这是我的机会，下意识活动可能一直在进行，直到为我找到结果。在华盛顿的抛出是我观察的结果。多年来的经验告诉我，最小阻力的走向是由高到低。

【李路评】

成熟投机者对市场的观察日积月累，最终会形成一种下意识的反应。这种反应在旁观者看来好像是"预感",对交易者来说却是潜意识里完成了确认事实并做出行动的过程。

096

知识不必害怕谎言

整个过程中,我稳如泰山,因为我知道自己的仓位正确。我没有对抗市场趋势或违背基本形势,而是做正好相反的事情,就是这些原因,使我这么肯定过度自信的内线集团会失败。他们想做其他人以前尝试过的事情,这样做总是会失败。即使我跟任何人一样,明白惯有的反弹即将来临,也不能吓唬我。我知道只要我坚持到底,最后的结果会远比设法回补,然后在比较高的价钱再度放空好多了。我坚持自己觉得正确的部位,赚了100万美元以上。我这样并不是受惠于第六感,也不是受惠于高明的解盘技巧或愚勇。这是我对自己的判断有信心得到的好处,而不是靠着自己的聪明或虚荣心得到利润。知识就是力量,力量不必害怕谎言——即使这个谎言是印在报价纸带上，也很快就会取消。

【李路评】

利润回撤时最需要"确认事实"，分清哪些是确凿无疑的知识，哪些是迷惑人的谎言。唯有如此，投机者才能在趋势行进过程中拿稳自己的头寸而不被清洗出局。

097

拉抬价格

就像我说的,在大部分情况下,炒作的目的是要以最好的价格,卖出大量的股票给一般大众。这样不只是卖出的问题而已,也是分散出货的问题。从每方面来看,一只股票由1400个人持有,比由一个人持有,显然好多了,这样对市场比较好。因此,作手必须考虑的不只是用很高的价格卖股票,也要考虑股票分散的性质。

如果你后来不能引诱大众,从你手上接走你的股票,把价格拉抬到很高的水准就没有什么道理。没有经验的作手尝试在头部出脱股票却失败时,老前辈会显出很聪明的样子,告诉你说:你可以把一匹马牵到水边,却不能强迫它喝水。多么有创意的家伙!事实上，炒作的一条规定你最好记牢，这条规定吉恩和一些能干的前辈很清楚，就是：股票要尽量炒到最高价，然后一路压低，散给大众。

【李路评】

"股票要尽量炒到最高价，然后一路压低，散给大众"，多么经典和具有讽刺性的方法啊！为什么这种方法屡试不爽？就是因为"大众"总喜欢购买"打折货"。

098

卖出时机

有时候一只股票会变得步履蹒跚,在这种情况下股价不会上涨。这时就是卖出的时机。你的卖压自然会造成股价下跌,而且会跌得比你想象的还深,但是你通常可以把股价拉上来。只要我炒作的股票在我的买单下回升,我就知道我安全无虞,必要时,我会信心十足、毫不畏惧地用自己的资金买进,就像我买进任何其他表现同样情形的股票一样。这是阻力最小的路线,你还记得我谈过跟这种路线有关的交易理论吗?阻力最小的价格路线确定时,我会遵照这个路线前进,不是因为我在那个特定时刻炒作那只特定的股票,而是因为我从头到尾、始终都是操作股票的人。

【李路评】

涨不动了自然会跌,此时便是卖出时机;跌不动了自然会涨,此时便是买入时机。事情的关键在于,如何通过一种一以贯之的系统来确认"涨不动"和"跌不动"的现象正在发生。

099

行情不对赶快脱身

我的买盘不能拉抬股价时，我停止买进，然后开始往下卖，即使我正好没有炒作这只股票，我也会做同样的事情。你应该已经知道，出脱一只股票的主要方法，是要一路往下卖。在股价下跌时，可以出脱这么多股票，的确令人震惊。

我重复说这一点，在炒作过程中，我从来没有忘记自己是股票交易者。毕竟我在炒作时，碰到的问题和操作时一样。作手不能让股票照自己的意思波动时，所有的炒作都要结束。你炒作的股票没有按照应有的情形波动时，立刻出脱。别跟大盘理论。不要指望把利润救回来，在还能出脱而且能够廉价出脱时，赶快脱身。

【李路评】

行情不对时,别犹豫,别等待,别幻想,别逃避,先离场再说。如果过段时间行情重新正常,你总有机会再次入场。

100

半官方消息

　　绝大多数利用不具名董事或内线人士权威的文章，都传播不可靠和错误的印象给大众。大众因为认定这是半官方的声明，值得相信，每年因此亏掉成百上千万美元。

　　例如一家公司的某种业务经历了一段低迷期间。这只股票很冷门。报价代表一般人对这只股票真正价值的看法，而且或许可能就是真正的价值。如果股价在这种价位太便宜，一定有人会知道这一点，就会去买进，股价就会上涨；如果股价太贵，有人会知道得很清楚，会卖掉这只股票，股价就会下跌。如果没有这两种情形，就没有人会谈论它，或采取任何行动。

【李路评】

消息起作用的途径是"制造预期",对短期价格行为来说,预期往往比事实更有力量。但如果这种预期没有带来价格的明显变化,则说明这一预期早已反映在了走势上。

101

知者不言

公司经营的业务出现转机时，谁最先知道？是内线人士，还是一般大众？当然不是大众。……假设情况继续好转，经营阶层会公布这种令人高兴的事实吗？总裁会告诉股东吗？会有一位好心的董事发出具名的声明，恩惠看报纸财经版或看通讯社报道的读者吗？会有一些谦虚的内线人士像平常那样，采取不具名的方式，发出公司远景极为美好的不具名声明吗？这次可不会了。没有一个人会说半个字，报纸或机器不会出现任何声明。

这种价值增加的消息会小心地不让大众知道，同时沉默寡言的"著名内线人士"会进入市场，尽可能地搜刮能够买到手的所有便宜股票。在这些消息灵通却不张扬的买盘持续时，股价就会上涨。

【李路评】

沃伦·巴菲特："有了足够的内幕消息，再加上一百万美元，你可能只要一年就破产了。"

102

利好出尽

  　　涨势继续下去,到了某一个令人快乐的日子,知道内情的人吃饱了他们想吃或有能力吃的股票。华尔街再度开始听到各式各样的利多谣言。电报机"根据很权威的消息来源",告诉交易者,说公司确实已经从逆境转到顺境了。……在如洪水一般的利多消息鼓舞下,大众开始买进这只股票。这些买盘协助股价涨得更高。

  　　公司的业务一变坏,你说会发生什么事情?他们会出面发出声明或警告,或发出最轻微的暗示吗?不太可能。现在趋势向下走了。就像公司的业务好转,他们买进股票时不敲锣打鼓一样,现在他们也悄悄地卖出。股价在这种内线卖压下,自然会下跌。接着,大众开始听到熟悉的"解释"。一位"重要的内线人士"坚称一切都很顺利,跌势只是空头想影响大势,打压这只股票的结果。

【李路评】

投机者可以注意观察价格走势和新闻信息的关系,大多时候,是价格走势"制造"了新闻信息,而非相反。

103

空头打压

大众应该牢记这一点：股价长期下跌，真正原因绝对不是空头打压。一只股票不断下跌时，你可以肯定其中一定有问题，不是市场有问题，就是公司本身有问题。如果下跌没有道理，股价很快就会掉到真正的价值以下，就会带来买盘，阻止跌势。事实上，空头卖出股票唯一能够赚大钱的时候，是股价太高的时候。你可以赌你的最后一分钱，肯定地说内线人士不会向世界宣布这个事实。

【李路评】

认为股价的持续下跌是空头打压，这是一种试图逃避责任而非面对事实的态度。亏损的投机者总喜欢给自己的亏损找个让自己信服的借口，似乎这样可以降低已经出现的亏损。

104

交易的要素

大众应该始终记住股票交易的要素。一只股票上涨时，不需要花精神去解释它为什么会上涨。持续的买进会让股价继续上涨。只要股价持续上涨，偶尔出现自然的小幅回档，跟着涨势走，大致都是相当安全的办法。但是，如果股价经过长期的稳定上升后，后来转为开始逐渐下跌，只偶尔反弹，显然阻力最小的路线已经从向上变成向下。情形就是这样，为什么要寻找解释呢？股价下跌很可能有很好的理由，但是，这些理由只有少数人知道，他们不是把理由秘而不宣，就是反而告诉大众说这支股价很便宜。这个游戏的本质就是这样，大众应该了解，少数知道内情的人不会说出真相。

【李路评】

大道至简。股价因持续买进而上涨,因持续卖出而下跌,至于上涨和下跌背后的原因,那是分析师关注的事,对于交易者来说几乎没有任何价值。

105

交易方法

我的交易方法是：当我看到某只股票的上升趋势正在展开后，先等股价出现正常的向下回撤，然后股价再次创出新高时，我就会立即买进，对此你也许感到疑惑，什么道理？我正在选择恰当的时机追随这个趋势，我决不会在股价向下回撤的时候买入。

【李路评】

许多投机者害怕在价格创新高时买入，总想在回撤时低价买入。可事实是，你永远不知道价格会回撤到什么时候。创新高买入尽管也会经常被"打耳光"，但至少有两个优势：一是止损位较近，走势不如预期时，潜在损失较小；二是上涨会有惯性，既然能创新高，说明能量足够，继续上涨概率较高。

106

清晨的研究工作

股市中的成功并无神秘之处。在我看来任何人想要在他的投资上取得成功，唯一的方法就是在投资之前进行详细研究。

清晨应该早起完成这些研究，因为白天工作的时候很可能没有时间来专注地做好这件事。也不要在晚上研究，因为在工作了一天之后，大脑已经很疲劳了。

晚睡和晚起是大多数人容易沉溺的两件事情。他们企图以一种随意散漫的方式去精通这个世界上最盛大而最困难的游戏——这种游戏需要的思维方式和生活习惯与传统的截然相反。

PART 3　杰西·利弗莫尔的交易方法

【李路评】

　　每个成功的投机者都是自律的投机者。这种自律不仅表现在市场操作过程中,也表现在市场之外的生活中。

107

解读新闻报道

利弗莫尔通过两种方法解读新闻报道：首先，他判断这些信息对市场或者个股的直接或间接影响；接下来，他通过股票行情收报机观察这些新闻的影响——这些新闻如何从市场整体上影响特定股票的买卖行为。……利弗莫尔努力预测其他大作手们会在何时变更多空离场，以适应新的市场形势。

【李路评】

欧洲"证券之父"安德烈·科斯托兰尼曾说："会影响股市行情的，是投资大众对重大事件的反应，而非重大事件本身。"

108

预测与验证

带着对市场及其长期趋势的基本立场和明确看法,股市一开盘,利弗莫尔就拿起行情纸带来验证行情是否吻合自己之前形成的观点。在此之前,利弗莫尔已经对当前的行情做出了明确的判断,并在脑海中对市场可能做出的行为进行了预测。

他认识到,日中股市交易的结果在某种程度上可能会改变自己对于股价未来走势的看法——这些交易结果会提供证据,验证利弗莫尔的判断是否正确。如果判断正确,他就坚持原有方向;如果判断错误,他就改变自己的立场。

【李路评】

索罗斯的老师卡尔·波普尔有本书叫《猜测与反驳》，其中的哲学方法值得投机者参考。投机者事先需要对市场有一个初步的猜测，然后，需要观察价格走势来检验自己的猜测。如果猜测被验证，则进场；否则，耐心等待。

109

接近危险点挂单

我所致力的，是尽我所能做出接近危险点的挂单。之后我会观察股价是否逼近危险点；或者如果我认为自己判断有误，我会很快终止这笔交易；但是一旦股价从我做多或者做空的价格上，离开危险点运行了几个点，我就不怎么关注它了，直到结束这笔交易。

【李路评】

在"危险点"附近进场的交易方法，需要注意三点：一是轻仓试探；二是走势没有如预期展开时及时平仓；三是即使被反复"打耳光"，当真正行情信号出现时，也要有勇气再次跟进。

110

等待

在寻找亏损风险较小而收益丰厚的交易机会的过程中，利弗莫尔通过解读行情纸带来寻找最佳交易时机。他会观察这只股票数天或者数周，直到这只股票运行到他认为可以交易的时候。

当这只股票完成了力量积蓄阶段，利弗莫尔不再疑虑了，他确定股票会朝着一定的方向运行。他会等待，直到确定自己的判断是正确的。如果股票处于吸筹阶段，利弗莫尔会尽量抓住最后几波买入的机会。

【李路评】

"观察这只股票数天或者数周，直到这只股票运行到他认为可以交易的时候",这句话价值百万。已经入门的投机者只需要时刻牢记这句话并据此行事,他的获利机会至少可提高一倍。

111

结束交易

当展现弱势时，利弗莫尔会迅速结束交易。因为在那种走势不符合其预期的股票身上，他实在耗不起。他不一定非要在股票表现出浮亏的时候才结束交易。当弱势信号出现时，股票有可能还是浮盈1至2个点。利弗莫尔会在股票没有表现出预期的波动时结束交易，不在乎此时的股价是否与买进价持平，还是高点抑或低一点。

【李路评】

除非你是"买进并持有"型的投资者，否则你真的"耗不起"。投机者应该假设他的每个决定都是错误的，除非价格走势能够很快证明他是正确的。

112

资金周转

按照合适的周转速度持有交易资金是华尔街和商人的一个重要原则。假如第五大道的大型商店不能将低流动性的商品置于柜台并售出，不久他们就会发现自己的流动资金在减少，大部分资金都套在自己不想持有的商品上，这些商品就搁置在柜台和储存室里吃灰。这样下去生意就难以为继。但是如果让这里面的一名商人进入证券市场，他很可能就会放弃上述使得自己取得商业成功的原则。这个商人会买进一只股票，并赚取小额的收益，但是他还会买进另一只股票并一直持有，特别是当该笔交易出现了亏损——他会一直持仓直到亏损达到10个点、20个点甚至30个点。

【李路评】

　　许多投机者在面临不断下跌的股票时安慰自己"长期持股",岂不知,这种做法极大地降低了资金周转使用效率。关键是,这些投机者也并非真的"长期持股",如果他们能持有10年以上倒还好。他们内心仍是短期投机者,只是持股期待股价上涨而已,当下跌到他们实在难以忍受时,便不得不巨亏离场,而此时他们恰恰倒在了黎明前。

113

价格止损与时间止损

股票下跌时及时止损,与预期相反时立刻卖出,这两个交易规则使得利弗莫尔既能限制风险的程度,又能限制在一项交易中运用资金的时间长度。这样,他既有了价格止损的方法,也有了时间止损的方法。

【李路评】

"止损,让利润快跑。"这句如今投机者们耳熟能详却没几个人能真正做到的忠告,利弗莫尔做起来却并不费力。他不仅给自己设定了10%的价格止损线,而且走势不如预期时及时卖出又在"时间止损"上设了一道防线。在持有盈利头寸时,他曾任由利润回撤50%而无动于衷,坚持自己的判断不动如山。

PART 4

杰西·利弗莫尔投机大事记

PART 4 杰西·利弗莫尔投机大事记

1877年，出生于美国马萨诸塞州。

1891年，14岁，辍学后离家，在波士顿的一家股票经纪公司找到工作，周薪6美元。

1892年，15岁，利弗莫尔初次开始投机交易，投入5美元，几天后获利3美元。不久之后他便辞去工作，天天泡在股票对赌行里，很快，他的盈利便超过1000美元，超过他3年的工资收入。

1897年，20岁，利弗莫尔赚取了人生中第一个1万美元。大手笔交易的风格使得他在对赌行获得了"小豪客"的绰号。

1898年，21岁，因为经常赢钱，不受对赌行欢迎的利弗莫尔，携带2500美元转战纽约。

1900年，23岁，利弗莫尔第一次爆仓破产。

1901年，24岁，利弗莫尔东山再起，获利5万美元。但因为没有适应报价规则而再度爆仓破产。

1902年，25岁，利弗莫尔再度东山再起，开始稳定盈利。

1907年，30岁，利弗莫尔在股票崩溃行情中做空，赚到了100万美元。

1908年，31岁，利弗莫尔遇到了当时的"棉花大王"托马斯。利弗莫尔被托马斯对棉花的大势分析和内幕消息所影响，放弃了自己的交易规则，逆势死扛，浮亏加仓，最后亏损惨重。随后，其在股市中的交易也连续失败，最后再一次破产。

1914年，37岁，利弗莫尔身欠百万债务，没有交易的机会。最后，他终于在一家券商处获得了一次机会，对方给他提供了一笔只可以交易500股的信用额度。利弗莫尔的人生迎来了一个关键的转折点。

利弗莫尔每天盯着股票报价机不动如山地等待了6周，最终在伯利恒钢铁上打出了他的底牌，他的入场时间恰到好处地打在这只股票的起爆点上，随后它便走出了一波强劲行情，利弗莫尔凭借500股的起始额度，成功地再次崛起。

1915年，38岁，利弗莫尔通过交易再度获利10多万美元。

1917年，40岁，利弗莫尔已经盈利数百万美元。他给自己的家庭购买了信托养老基金，以防止他再次失败，保障家庭的安稳。

1929年，52岁，利弗莫尔在1929年股市大崩盘中获利超过1亿美元，约相当于今天的1000亿美元。

1934年，57岁，利弗莫尔再次宣布破产，没有人知道具体的经过。据后人总结，这笔资金被他的前妻挥霍大部分，离婚的时候还分给了其前妻，一部分购买信托。这5年，利弗莫尔离婚并且开始了第三段婚姻。他的新妻子比他小30多岁，将他剩下的财产几乎挥霍殆尽。

1940年，63岁，利弗莫尔在一家酒店的衣帽间开枪自杀。

PART 5

杰西·利弗莫尔疯狂的一生

擅长数字的小农民

1877年7月26日，杰西·利弗莫尔（Jesse Lauriston Livermore）出生于美国马萨诸塞州的一个农民家庭。父母分别是海勒姆·利弗莫尔和劳拉·利弗莫尔。利弗莫尔的父亲是一个穷困潦倒的农民，赖以生存的农场在新英格兰，土壤贫瘠多石，在杰西很小的时候就连这块农场也没了，所以全家搬到了马萨诸塞州内的帕克斯顿，和杰西的祖父一起生活，直至父亲最终攒够了钱在南阿克顿买了地。

利弗莫尔小时候做过的第一份工作就是在犁过的地里捡石头。在这一小块土地上刨生活，艰苦的程度不言自明，这份流血流汗的工作在当时的美国回报微乎其微。而杰西小时候又瘦又弱经常生病，这让他有大量时间读书，看了能找到的屈指可数的所有报纸。他有书就读，避开现实，躲进了书本给他开启的心灵影院，看到了不同的生活。他自小就善于想象、机敏、有头脑，能用演绎推理得出合乎逻辑的结论。他很早就认定，成功和冒险的少年梦想根本不可能在劳累的务农生活中加以实现。杰西的父亲是个冷漠保守的人，在家里固执严肃，很难从他那里讨得宠爱。杰西的母亲则恰恰相反，富有爱心、温柔体贴，能花很多时间陪着天资聪明、智力过人的儿子。

杰西·利弗莫尔上学的时候数学名列前茅，经常心算出方程只给老师答案，或者要用新办法解题，让老师头疼不已。有一次他还要和老师比赛看谁先解出一道数学难题。老师对他提高要求，给他提供了更高级的数学课，来挑战和满足他的求学欲望。数学就是他的朋友，他游刃有余，一年内就学完了三年的数学课，脑子里能记住千千万万个数字。

杰西13岁的时候，父亲告诉他对农民来说读书就是多此一举。所以14岁时，他就辍学了。父亲给了他一套工服，这下他就是个专业农民了，有义务赚钱养家。但是杰西技高一筹，他表面上屈从于父亲的安排，而暗地里与母亲达成了协议。没几个星期，他就带着母亲给他的5美元溜出了农场，在路上搭车直奔波士顿。他知道走出去碰碰运气绝对没错。虽然还没有具体的计划，但他知道方向正确。

波士顿投机店"小豪客"

到了波士顿，杰西很快在一家股票经纪公司找到了工作，工作职责是把股票最新成交价格写到客户室的大报价板上，薪水是周薪5美元。此时，他对数字的天赋派上了用场。

"有一个客户经常坐在行情收报机旁高声报出最新价格。我并不会觉得他报得太快，总能记住这些数字。

"繁忙的市场交易并不曾妨碍我思考我的工作。对我来说，那些报价并不代表股票的价格，它们只是数字。虽然它们确实代表每股多少美元，而且总在变化。我最感兴趣的只是"变化"，它们为什么会变呢？我不知道，也不关心，我从来不去想它。我只关心的是：星期一到星期五每天5小时和星期六的2小时，它们总在变动。

"那时我开始对价格行为产生兴趣。我对数字有很好的记忆力，可以清晰记住价格在上涨或下跌的前一天是如何波动的。我对心算的爱好时常能派上用场。"

1892年，利弗莫尔15岁，做出自己人生的第一笔股票交易。投入5美元，两天后赚了3美元离场。从此，他便走上了近50年的漫长独自交易路。很快，他靠投机赚的钱比工资还多。他辞了工作，整天待在波士顿的投机店里，几个月后，就赚了超过1000美元。

这时他回了趟家。母亲看到他回来欣喜不已；父亲只是摇摇头，怎么也想不通，一个15岁的孩子，不偷不抢，竟然能有1000多块钱，这在当时可不是一笔小数目，对于利弗莫尔的父母来说，更是一笔巨款。杰西把一半钱给了父母，算是还了母亲的账。《股票作手回忆录》里曾提到他这段经历：

"我15岁时就赚到了我的第一个1000美元。我把1000美元现金放在了我母亲面前，这些钱是我在短暂的几个月里在对赌行里赚的，而且还不算我已经带回家的钱。我母亲对我不停地唠叨。她想让我把钱存到银行去，怕我胡乱花掉。她说她从未听说过哪个15岁的男孩能白手起家赚到这么多钱，她甚至不相信这是真的钞票。她常常对它感到担心。"

他带着750多美元的身家回到波士顿，继续他的毕生事业。他总是单枪匹马，既不告诉别人他做什么，也不找人合伙或向别人借钱。为了避免引起注意，他就打两枪换一个地方，这种"孤狼"战术很适合他，他天性如此。他一辈子就是这样独来独往，自己悄悄买进、悄悄卖出，从不告诉任何人。真正让他兴奋的是"做对了"，靠脑袋去赢，不使蛮力，不拉关系，不用劝说别人，完完全全凭智力，弄明白别人弄不明白的事情，在股市上赚钱。

被投机店"封杀"转战纽约

由于利弗莫尔的出色表现，从他常常光顾的投机店赢了不少钱，这些投机店开始不再欢迎他。

"当我发现柯斯莫普利坦经纪公司采用不正当手

段以3个点保证金的障碍和1.5个点的溢价都无法击败我,并向我暗示不愿再接我的生意以后,我不久就决定到纽约去,这样我可以在纽约股票交易所的会员公司里做交易。我不想去波士顿的任何一家经纪公司,因为在波士顿行情报价必须得通过电传机传递。我想去靠近交易所的地方。这样我在21岁的时候来到纽约,总共带了2500美元。"

21岁的杰西·利弗莫尔来到纽约,真正登上了股票投机大赛的正规赛场。他决定到E. F. 赫特公司去,那里成了他的工作地点,他在投机店的名声早已传到这里,使他在公司很受欢迎。他的绰号从"小豪客"变成了"小交易员"——他这点钱在纽约可不敢妄称豪客。刚开始他干得不错,给经纪人赚了不少佣金,但最后还是赔了个精光。仅6个月时间,他就输光了所有的钱。但他很快又从投机店——这个他熟悉的战场——赚回了本金。

1899年,利弗莫尔22岁,身家10000美元,在市场上摔打了7年。

1900年10月他娶了第一任妻子内蒂·乔丹。妻子来自印第安纳波利斯,他们初识于中西部的投机店。

夫妻俩住在第五大道高级的温莎酒店,夏天就去新泽西海边的朗布兰奇市,租住在农庄里消暑。他还携妻前往欧洲,购得12000美元的珠宝博其欢心。这是他的第一次欧洲之旅。

败走纽约　波士顿重操旧业

1901年,利弗莫尔在大牛市做多,空前买进了10000美元的股票,钱很快就成了50000美元。但是,因为价格大幅快速变化之时报价机制的滞后性,第二天便亏损殆尽,一贫如洗。

他败走纽约,又回到了波士顿重拾旧业。他还得想想怎么活下去,原来那种奢侈、烧钱的生活已经习以为常,但现在不名一文了。他和妻子一直和睦相处,应该说在利弗莫尔1901年5月破产之前是这样。破产后,他让内蒂拿出在欧洲买的那些价值12000美元的珠宝,准备抵押出现金再去投机店,她断然拒绝,随即心生芥蒂。双方最终分道扬镳。

他回到投机店，想方设法隐姓埋名以免被投机店认出来而不做他的生意，最终再次从投机店赚取了足够他享受生活和东山再起的本钱。

做空成为百万富翁　摩根请他放过股市

1906年，利弗莫尔仔细研究了多种因素，认为市场马上见顶，甚至阻力最小的方向也已经发生了改变。他就用新交易办法进行验证，用几个领先股进行测试。他选了四个领先板块，每个板块至少卖空了两只股票。很快他的卖空交易有了收益，卖空的股票都下跌了，每次发动攻势时都显得软弱无力，无法创新高，刚上涨几美元就随即下挫，从前一个高点上滑落下来。市场反攻不成，利弗莫尔就加仓，循序渐进。

他在随后的市场大崩盘中做空赚了约100万美元，并且因此声名鹊起，连金融巨鳄摩根都请人转告他，请他"手下留情"放过股市，别再继续做空。对一个白手起家的年轻人来说，这可以说是异军突起。

没受过什么正规教育，又非出自名门，他出道时没有什么社会地位，也没有一点立足之本。

1907年10月24日的市场大崩溃，深深刻印在杰西·利弗莫尔的记忆里。现在，30岁的利弗莫尔应有尽有，第一次走上了人生的巅峰时刻。

受蛊惑兵败棉花战役　申请破产

但好景不长，百万富翁做了还不到一年，他便被迫卖了"安妮塔·威尼斯"号游艇、河岸街的公寓以及里面的精致摆设。华尔街街头巷尾都在纳闷："这个交易高手到底怎么了？"

事情起因于杰西·利弗莫尔与"棉花大王"珀西·托马斯的相遇。托马斯激情四射、魅力十足，对于棉花市场上知天文、下知地理。刚认识托马斯的时候，利弗莫尔还看空棉花市场并持有空单，二人交流了一个月之后，他扭转了自己的看法，转而做多，并违背自己的原则，在下跌时不断加仓做多。因为保证金不足，他还卖掉了盈利丰厚的小麦。结果是，在小麦上少赚了800万美元，在棉花上亏损300万美元。多么惨痛的教训！

　　1914年，一战刚刚在欧洲拉开帷幕。股市从7月31日到12月15日休市。杰西·利弗莫尔已经破产，1915年2月18日，他在《纽约时报》上看到了对于他破产的报道。

伯利恒钢铁经典一战　东山再起

　　每个投机客在其投机生涯中都有生死存亡的时刻，杰西·利弗莫尔也不例外。这便是1915年他操盘伯利恒钢铁之战。对于当时的利弗莫尔来说，他已破产，并身负百万美元债务，供他操盘之用的资金，也只是一位券商给他的一笔只有500股的信用额度。当时的情况是，他一旦失败，可能将永远无法翻身，更不必谈及之后1929年做空华尔街股市之壮举，当然，他这次成功了。

PART 5　杰西·利弗莫尔疯狂的一生

1914年，利弗莫尔在第三次破产后，期间又遭遇美国长达四年的经济萧条，欠下百万美元巨债。当时，只有一家券商愿意为他提供一笔为数只有500股的交易信用额度。也就是说，对他的人生而言，只有一粒子弹，一次扣动扳机的机会，你怎么能够保证用99%的概率击倒对手，赢得自己的生存之战？如果利弗莫尔不能在这唯一的机会中：第一，看对大盘；第二，选对股票；第三，抓住时机；第四，拿出勇气，他可能都将永世不得翻身，和这市场上99.99%的人一样，从此淘汰出局。也就是说，他必须做一次成功概率为99.99%的交易，考虑到当时市场处于衰退中，毫无财富效应，其难度可想而知。

1914年8~12月，因为"一战"爆发，华尔街闭市。进入1915年2~3月后，利弗莫尔早已看好大发战争财的伯利恒钢铁公司，那时股价约50美元，但对比大盘，道琼斯工业指数当时还没有显示强度，只有领导股牛角初露。利弗莫尔选择了蛰伏和等待，直到1915年5月下旬。

"由于众所周知的原因，在1915年早期那些关键的日子里我非常看好的是伯利恒钢铁公司的股票。简直可以肯定它要上涨,但是为了确保第一次操作就赚钱,所以我必须等,我决定等到这只股票突破面值(100美元)之后。"

"你可以想象我是多么渴望恢复过去那种交易规模。我太急于开始了,但是,我还是控制住自己。正如我所料,伯利恒钢铁的股票每天都在上涨,越涨越高。然而,我还是控制住自己不要冲动地去威廉森-布朗公司买入五百股股票。我清楚必须使第一笔投资尽可能获益。"

"股票每上涨一个点就意味着我又没赚到500美元。……可是,我却端坐在那儿,我不是倾听心中喋喋不休的希望和闹闹嚷嚷的信念,只倾听经验发出来的冷静声音和常识给我的忠告。最后常识战胜了贪婪和希望!"

伯利恒钢铁股价于6月初开始冲天而起,3周内股价到90美元以上。在用了超过16周的时间等待大盘的强度,其中包括6周的时间等待伯利恒钢铁个股的强度后,利弗莫尔终于在其股价达到98美元时出手了。

"我一下子买了伯利恒钢铁公司的500股股票,行情当时是98元。我在98~99元时买了500股。我想那天晚上收盘是114或115元，我又买了500股（用账面浮盈开仓，编者注）。"

"第二天伯利恒钢铁涨到145元时，我套现了。为了等待正确的时刻，我耗了6周，这是我经历过最费力耗神的6周，但是，我得到了回报，因为我现在已经有了足够的资本去进行有规模的投资了。"

利弗莫尔扣动扳机，用唯一的一颗子弹为自己射中了金苹果。六周潜伏，最终化为两天的一击，就为他赢得了起死回生的资本——5万美元。

利弗莫尔前后横行华尔街35年，风光无限，但真正走向成熟，是在伯利恒钢铁股一战后。此役毕后，他再也没有与任何人在公开场合谈论过股票，对来自市场的任何质问均保持沉默。任何人想要进入他在Heckscher大厦的办公室都难如登天，大楼管理处也从不承认有利弗莫尔这个租客在其中办公。

利弗莫尔的睿智在于，他清楚地知道，无论个人有多么不理性的做多信念，个人始终无法推动或展开尚未启动的不能预期的事情。仅凭着一颗出膛的子弹去斩获对手，正确做法就是预测可能性并耐心等候可能性成为事实的一瞬间，扣动扳机。在伯利恒钢铁战中,他出手的一霎,就是其股价加速上升的临界点。

1914年至1915年,利弗莫尔从500股钢铁股票起始,再次获利14.5万美元,成功积累起了第一笔初始资金。1916年,再次获利300万美元。

1917年初美国加入协约国参战前夕,杰西·利弗莫尔到华尔街开始了他最值得骄傲的一次散步。他走出百老汇11号自己的新办公室,挨个到每个债权人的公司去拜访,把他破产时欠的钱全部还清,一分不差。"我想付点利息。"利弗莫尔主动说。但他们都没收利息,只是接过支票,笑着摆摆手并祝他好运。

1917年杰西·利弗莫尔40岁。他想在生活上改变改变,就给自己设立了50万美元的基金,一年能有3万美元的收益。这样他就再也不会受穷了。

利弗莫尔的好日子来了。1917年9月24日他在棕榈滩买了一颗硕大的祖母绿宝石铂戒,向桃乐茜·文特示爱,戒指据称价值12万美元。这仅是他以后多年为第二任夫人桃乐茜大量购进珠宝的开始;第二天他还买了一艘巨型高速游艇,并命名为"潜水艇捕手"。

1917 年,利弗莫尔恢复了在华尔街的显赫声誉。1917 年 5 月 13 日,《纽约时报》的一篇文章说:

"华尔街浮夸不实的交易人退场：目前的投机客和以前煽风点火的市场炒手比起来，更像是学生和经济学家。"这篇文章特别提到利弗莫尔和巴鲁克，并且进一步点明他们是市场大户，也是华尔街上深具影响力和成功的股票交易人。

虽然，证券交易委员会早已对空头做出种种规定，可是在那时，杰西是个做空头的特大户，以至于只要仅仅谣传他卖空就会使某一种股票下跌。

1929年大恐慌　做空获利1亿美元

利弗莫尔每天早上7:20准时从家出发，坐着由司机哈里驾驶的豪车去办公室。纽约在道路自动交通灯安装前，纽约警察会坐在警亭人工控制交通灯。利弗莫尔的坐驾经过的时候，警察会保证绿灯亮着，让他一路从长岛的帝王角直达纽约，中途一刻都不耽误。司机哈里每周都会按原路线走一遍，在每个交通灯警亭稍事停留，打赏当值的警察一笔现金，以感谢他的爱心之举，保证这位"金融家"在路过警亭时一路畅通。

杰西·利弗莫尔的办事处在纽约第五大道730号赫克谢尔（Heckscher）大厦的第18层顶层阁楼。大厦为他的办公室安装了私人直达电梯，这样他中途不用和任何人费口舌。楼下的看门人领了他的钱，所以当杰西不想见的来访者来访的时候，看门人就说："这里从来没有一个名叫杰西·利弗莫尔的人。"如果来访者是应约而来，看门人就会查看杰西预订的来访者名单。来客到达杰西的房间门口，又会有一名保镖来做安全检查。房间里头大约有60人在照看电话、电报以及股票行情自动收录器。他们还有反映最新价格的大块的股市行情栏。这里是那个时代最精致复杂的指挥部，它向杰西提供股市动向的最新内部情况分析，还提供整个华尔街的情况和最新的消息。办公室守则就是：交易时间严禁交谈。利弗莫尔希望在开市时集中精力。报价必须及时写上去，这关系到动辄数以百万计的交易。每个房间都有几个报价器，保证他走到哪都能看到报价。蜿蜒曲折的纸带就好像是他血管里流动的鲜血，是有生命的。报价器还占据了他所有住处的主要房间：普莱西德湖村、长岛、曼哈顿的公寓、棕榈海滩上浪花酒店的套房，甚至他那艘300英尺(约91.4米)长的邮轮。

从1928年冬到1929年春，美国股市多头市场全力奔驰。利弗莫尔一路做多，获利可观。他接着开始留意市场的头部是否将形成。1929年夏初，他轧平所有的多头部位，改为逢涨必卖。他认为市场已经涨过头。他看到市场大涨之后，开始出现横向移动的交易形态，一改原来的激升走势。他开始往空方派出探子，探查情势。在整个20年代里，杰西在股市大做多头赚钱。但是到了1929年，赫伯特·胡佛当上总统时，杰西感到，这个国家经济的不确定性，使得股票市场出现他从没见过的状况，简直好到难以相信的程度。3月份的某一天，他做工业股票空头，然后转向铁路，当传言说他要在这里拼一拼的时候，他已转向石油公司股票。第二天股票大跌，他买进卖出股票，在这一场3个小时的出击中，他捞进了20万美元。

当时，美国经济持续高涨。人们都把这个时候叫好时光。注入华尔街的资金越来越多。以前，资金主要是从欧洲流入，但眼下英国投资者在工党政府治理下，拼命维护自己，英国的钱流入美国股市的速度已不那么快了。尽管如此，钱仍从美国的各个角落涌向华尔街。股票市场成为全国性的消遣娱乐场所。进入股市的入场券不过一份报纸的价钱。由小赌客们组成的大军，从银行里提出他们的100美元、200美元或300美元的存款，投入股票市场。

但是利弗莫尔并没有像众人那样盲目乐观。他竭力要从这种经济大好形势中看出真情，于是努力搜阅金融报刊，并把自己的情报来源和报刊上的分析相互比较。利弗莫尔预测出美国的工业即将走入困境，美国的银行业也即将走入困境，若不经一番风雨折腾，美国经济就不可能繁荣发达起来。

利弗莫尔相信，美国的股票市场将会出现一个前所未有的最大熊市，股市指数将会暴跌。

利弗莫尔把他的全部重仓股最后一一卖出。他列出了那些领涨股，认为"涨幅过大"。最低阻力轨迹线已经从上升运动过渡到了盘整运动。他自问，这种盘整运动仅仅是牛市突飞猛进过程中的稍事休息，还是整个市场方向重大变化初现端倪？市场趋势变了吗？这种变化有目共睹，还是大家贪念太强而对见顶视而不见？利弗莫尔的全部经验和直觉都"向他呐喊"，告诉他市场到头了。

但是他知道时间决定一切，至关重要的并非顶部是否到来，而是何时到来。他以前就错在行动过早，结果是自己判断对了，但却赔了个精光，原因就是操之过急。他决定还是采用老办法——试探市场，于是开始轻仓做空。

他没在第五大道730号赫克舍尔大厦的办公室操作，因此操作很隐蔽。接下来的6个月时间里他不断更换经纪人，利用了多达100家经纪公司来掩盖行动，对任何人只字不提自己的策略，在黑板上用自己的秘密符号，同时对媒体退避三舍，最后终于完成建仓。他一开始卖空了几只股票，小额测试。市场继续上涨，他不得不平仓，损失了25万，一小笔而已。他雇用了6个人，每天在长长的黑板前忙乎，直接伦敦和巴黎市场的电话也一刻不闲。从芝加哥谷物期货市场传来的消息是，整个市场所有大型商品纷纷跌到最低价。经过对美国和国外经济情况一直以来的持续关注，他认为世界要面临一场严重的通货紧缩。他开始进行第二道试探，再检验一下自己强烈的预感，但是事与愿违,市场未如他所料,他只好平仓。虽然如此,在夏末时,他开始进行第三道试探。成了!卖空一下子赢利了,虽然数目不大,但至少是赢利了。这下他完全肯定了自己的判断,耐心终有所报。这也是他喜欢钓鱼的原因之一。如果你做得没错那就坚定信念、不急不躁,鱼最终是会上钩的。

随着市场最终到顶,信号也越来越多。市场这次并不是扶摇直上到最高点璀璨绽放,然后就一落千丈。不,还是和以前的所有情况一样,坚决地、慢慢地移动,就像是海上的巨型游轮,但信号还是有的,就是利弗莫尔之前看到的那些:领涨股一再努力,但还是无法创新高;聪明人借公众在强市下的贪婪情绪抛出股票,落袋为安。

1929年9月,利弗莫尔从报纸上看到一条消息:英国人正为他们的货币担心。英国出现了一个前所未有的哈特雷金融诈骗案。消息传到美国,利弗莫尔对于英格兰银行为何不采取补救措施大惑不解。或许他们不救是因为无能为力吗?困惑不明的利弗莫尔要他的英国"间谍"探明情况。"间谍"们通知利弗莫尔,英国银行准备提高利率。他还得知,美国联邦储备银行也打算把利率提高1个百分点。他判断，银行利率一提高，许多人就把钱拿去存银行了，这么一来，股市的资金就会大大减少。而且，接着就会出现抛售股票的浪潮。抛的人多买的人少，看来股价必定下跌无疑。

与此同时，利弗莫尔了解到有个名叫巴布森的经济学家，三年来连续在全国的商业会议上做演说。他知道巴布森跟自己一样，是个股市空头投机家。实际上在过去两年里，巴布森就预言经济的黑暗时期要到来。1928年巴布森在一次会议上说过，如果民主党人史密斯当上总统的话，就会把人们带进经济萧条。然而那一年史密斯和民主党人并没有上台，上台的是胡佛和共和党人，于是巴布森的警告就被人们当成耳旁风了。精明的利弗莫尔通过各种剪报分析，发现巴布森的警告对他有利用价值。

利弗莫尔命令他的下属守好电话机。全国的报社都得到小道消息，说巴布森要做一场重要演讲了。利弗莫尔立刻走进股市，通过全国各地的经纪人着手卖出股票。利弗莫尔共卖空股票30万美元。

巴布森对一大群记者说："用不了多久，就会发生一场大崩溃，那会使得主要股票遭殃，道琼斯指数下降60至80点。"此后不到半小时，各报社记者都通过电话向编辑部发回消息："经济学家预测股市将下降60至80点。"

利弗莫尔抢先一步继续不停地抛售卖空，直到收盘之前都不停地卖空。

几乎所有的美国下午报纸都报道了这个消息，几乎每一家美国电台都广播了这个消息。

第二天上午，利弗莫尔便平仓买回了他所卖出的股票。因为判断准确，杰西抢先了一步而处处占了主动。果然，几天之内股市又恢复原状，平安无事。利弗莫尔从中大大捞了一笔。

随后，发现市场反弹乏力再也没有恢复元气，利弗莫尔知道市场要彻底转向了。他继续大量卖空。

10月份来到了。10月24日，星期四，股市价格狂跌，头一场"爆炸"把牛市炸得粉身碎骨。10月29日，股市依然狂跌不止，第二场"爆炸"把牛市炸得寿终正寝。许许多多的股票持有者，眼睁睁看着手中的证券成了废纸，财富随着股市的惨跌化为乌有。

可是，利弗莫尔这个股市的投机家，和少数几个人一样,早已脱手了,他正悠闲地喝他的香槟酒呢。

利弗莫尔在这次大崩溃中做空的获利约1亿美元,他拥有的财富,足够他挥霍好几辈子了。

家事困扰精力不再 "投机之王"唏嘘谢幕

到1930年的时候,情况发生变化。不知道是怎么一回事,也不知道他的脑子里究竟发生了什么变化,利弗莫尔开始有些不在状态了。或许是因为家事的干扰,妻子因为他的不忠,正在闹离婚。或许像一些伟大的体育明星,他们的体育生涯中总有个巅峰,一旦他们走过了,下坡就非常的快了。究竟什么原因,谁知道呢。

自从和第二任妻子桃乐茜离婚之后,利弗莫尔的精神状态便大不如前。1933年,他和第三任妻子哈里特结婚。哈里特是个富家女,此前有过四次婚姻,四任丈夫全都自杀了。他们婚后搬到了横贯中央公园的第五大道上雪梨荷兰酒店的套房。

此后，因为生活中一连串的厄运，利弗莫尔的生活每况愈下。1935年底还发生了爱酗酒的前妻桃乐茜枪击儿子小杰西·利弗莫尔的事件。利弗莫尔意志愈加消沉。他人还在股市，但已经没有了旧日的工作劲头和激情，不像原来那样能够把所有的精力都用在股市、期货市场上。

最后，在毫无征兆的情况下，他选择结束自己的生命。

1940年11月27日星期三，63岁的杰西·利弗莫尔和第三任妻子哈里特正在他最喜爱的鹳鸟俱乐部，报社记者过来问能不能拍张照片。

"当然可以。"他说，"这也就是你照的最后一张照片了，明天我就走了，离开很长很长一段时间。"

哈里特吓了一跳，问他："劳瑞，你说什么呢?"

"玩笑而已，亲爱的，只是个玩笑。"他笑着对她说。

闪光灯亮了，不时有几个人过来凑热闹，哈里特和几个朋友跳了几场舞。利弗莫尔抬起头，眼里是疏离、遥不可及的目光。他的餐一点都没动，老早就胃口不好了，他看起来消瘦、面色苍白、虚弱无力。

1940年11月28日，极为普通的一天。中午，利弗莫尔离开第五大道的办公室，来到雪梨荷兰酒店。搬去花园大道之前，他就在这里住了好几年，经常在下班途中来喝杯鸡尾酒。12:30分，他一个人坐着等吃午餐，这种情况并不少见。他和服务员都很熟，是酒店和餐厅受欢迎的"常客"。他坐在酒吧附近，还是吃"老规矩"，调酒师见他进来就自动给他做了。吃午餐时他一句话不说，服务员觉得他心神不宁，精神紧张。

吃午餐时，他拿出心爱的皮面小记事本，再拿出马甲链上系着的金笔写了点什么。他奋笔疾书，写了一两页，好像要说的话很多，但没时间来说，不时把记事本放回口袋。这个午餐过程中，他这样重复了好几次，期间一根雪茄接着一根雪茄地抽。下午2:30分，他离开酒店返回办公室。

下午4:30分，他回到酒店，直接去了酒吧边常去的桌子坐下来，照例喝了一直喝的酒。利弗莫尔向服务员笑笑，却没说话，他坐了一小时，又拿出笔记本写,然后放回去,期间还点了一杯酒。

他突然起身,走出酒吧去了大厅。

要去男洗手间就必须经过大厅,约走37米,穿过一扇扇活动门,进入宴会厅、衣帽间,再到洗手间。

5:33分,利弗莫尔穿过活动门,进入关着门的衣帽间,屋里光线昏暗。他在尽头的凳子上坐下,拿出点32口径的自动小手枪,把枪栓拉开,顶进一颗子弹,弹夹是满的,这把枪是1928年还住在"永久"的时候买的。他把枪口顶在右耳后,扣动了扳机。

一生四起四落的华尔街大作手,独自一人创造出辉煌战绩,突破式交易法流传后世,被指责为1929年股灾的元凶之一,"华尔街巨熊""投机之王"利弗莫尔开枪自杀,享年63岁。

杰西·利弗莫尔的遗书中写到:

我已经无法忍受这一切了,所有事情对我来说都很差。我已精疲力竭,无力支撑。我已不能够再继续下去。这就是唯一的出路。我不值得被爱,我是个失败者,真的很对不起,但这是我唯一的出路。

他说的失败,是交易上的,还是生活家庭上的,没人知道。很多投机者更喜欢认为他是投机上的失败，他们说，利弗莫尔之所以会失败，是因为他到最后也没有战胜市场。

其实这种说法完全是胡扯，因为真正懂交易的人都知道，利弗莫尔的交易方式，从一开始就没有想过要战胜市场。他是典型的趋势跟踪者，是专门跟随市场趋势的，从未想过走到市场前面。

还有人说，他是因为穷苦潦倒而失败的，这也是错的，因为他死后依然有数额庞大的不可动基金。

他的1亿美元虽然几乎全部损失了，但他的晚年并不存在贫穷这件事。

据维基百科显示，利弗莫尔死后的财产清算，总价值超过500万美元。维基上的原文如下： He left behind two sons Jesse Jr. and Paul. Untouchable trusts and cash assets at his death totaled over $5 million.

1940年的500万美元，按占当年GDP百分比来计算，相当于2013年的8.16亿美元，按劳动力价格（即工资水平）计算，则相当于2013年的2.08亿美元。而利弗莫尔最有名的1929年的1亿美元获利，相当于161亿美元（GDP百分比），或54亿美元（劳动力价格）。

在Reminiscences of a Stock Operator 一书75周年纪念版的插图里，有利弗莫尔自杀前一天（1940.11.27）和他第三任妻子Harriet在夜总会Stork Club拍的照片，照片上他们夫妻二人穿着十分考究，因此有些小说中对利弗莫尔"凄惨晚年"的描述严重失实。他自杀的确切原因没人知道，包括他的妻子，但可以肯定，绝不是因为贫穷。

他晚年患有重度的抑郁症，而很多人相信他的交易天赋来自于其自闭症，这些都可能诱发一个富裕的人自杀。利弗莫尔的一生，结婚三次。第一任妻子，在他破产最需要帮助的时候，没有帮他，让他看清了婚姻冷酷的一面，随后离婚。第二任妻子他找了一个漂亮的女演员，她酗酒且花销极大，对家庭没有责任感，还开枪射伤了他们的儿子。第三任妻子是一个小利弗莫尔很多岁的年轻女人，但是此时的利弗莫尔已经处于深度抑郁的阶段。他对家庭，对金钱，对他所爱热爱的事业，可能已经没有了当初的激情。

所以，利弗莫尔的自杀，最大的可能性还是深度抑郁和家庭所导致的。一生四起四落，利弗莫尔总是能够东山再起，投机交易是不可能击倒他的。所以，

PART 5　杰西·利弗莫尔疯狂的一生

在投机交易方面，利弗莫尔其实并没有失败。

利弗莫尔的强悍之处并非在于他拥有强大的集体资源。他是华尔街上最大的个人投资者，至死都是独立操作、一个人判断、一个人交易。他从来不需要小道消息、内幕或者与人联手坐庄。他的操作手法被后人延伸，繁衍出当代各类股票技术法则流派，就此说利弗莫尔的操作体系是华尔街交易技术的"词根"并不为过。

延伸阅读

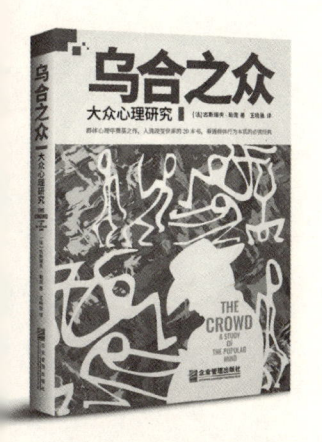

➡ 《乌合之众：大众心理研究》

"《乌合之众》是一本可怕的书，他将社会大众的心理阴暗面毫不掩饰地暴露在阳光之下，别有用心的人甚至可以利用群体的种种心理弱点作为其权力与财富的抓手。"

——"金融大鳄"索罗斯

➡ 《大癫狂：非同寻常的大众幻想与群众性癫狂》

"数学不能控制金融市场，而心理因素才是控制市场的关键。更确切地说，只有掌握住群众的本能才能控制市场，即必须了解群众将在何时以何种方式聚在某一种股票货币或商品周围，投资者才有成功的可能。"

——"金融大鳄"索罗斯

"只要如此愚蠢的行为能够继续存在下去，那么一个真正理性的投资者始终有望利用大众的疯狂为自己谋利。具有常识的个体很容易觉察到集体的疯狂，个体将会借此获取巨额的利润。"

——查尔斯·麦基

购 书 请 微 信 扫 描 封 底 左 侧 二 维 码